AUX MANŒUVRES IMPÉRIALES DE 1911

L'EMPLOI

DE LA

Cavalerie Allemande

Par P. S.

AVEC DEUX CARTES

LIBRAIRIE MILITAIRE BERGER-LEVRAULT

PARIS	NANCY
Rue des Beaux-Arts, 5–7	Rue des Glacis, 18

1913

Prix : 2 fr. 50

L'EMPLOI

DE LA

Cavalerie Allemande

Par P. S.

AVEC DEUX CARTES

LIBRAIRIE MILITAIRE BERGER-LEVRAULT

PARIS	NANCY
Rue des Beaux-Arts, 5–7	Rue des Glacis, 18

1913

(Extrait de la *Revue de Cavalerie*)

L'EMPLOI

DE LA

CAVALERIE ALLEMANDE

Les dernières manœuvres impériales allemandes ont présenté un intérêt tout particulier, tant par l'importance des effectifs en présence et par l'ampleur du thème que par la mise en pratique de certains règlements nouveaux et par l'emploi qui a été fait, pour la première fois, de tous les moyens matériels d'action dont les armées disposeraient aujourd'hui dans une guerre européenne.

La *Revue militaire des Armées étrangères* a récemment donné de ces manœuvres un excellent compte rendu, et tous les officiers ont certainement lu la remarquable étude, remplie d'ailleurs de jugements assez peu flatteurs, que leur a consacrée le colonel anglais Repington.

En dehors de ces travaux, et d'autres encore peut-être, une revue de cavalerie autrichienne (*Kavalleristische Monatshefte*) a publié, dans son numéro de décembre 1911, un très long article dans lequel le colonel von Unger, chef de section au grand État-major, étudie ces mêmes manœuvres, mais en les envisageant surtout au point de vue de l'action de la cavalerie et plus particulièrement de la cavalerie d'armée.

C'est en nous basant sur les données fournies par ce dernier travail que nous allons analyser l'emploi de la cavalerie allemande aux manœuvres de 1911, en nous bornant, dans l'exposé des opérations des grandes unités, à ce qui est strictement indispensable à l'intelligence du rôle joué par la cavalerie.

I

COMPOSITION DES PARTIS

Le thème mettait aux prises deux armées réelles, formant les ailes de deux groupes d'armées supposés.

Ces armées avaient la composition suivante :

PARTI BLEU

Corps de la Garde (1re et 2e divisions d'infanterie de la Garde).

XXe corps (3e division d'infanterie de la Garde et 41e division d'infanterie).

Division de cavalerie de la Garde.

PARTI ROUGE

IIe corps (3e et 4e divisions d'infanterie).

IXe corps (17e et 18e divisions d'infanterie).

18e brigade de cavalerie renforcée.

Les deux partis comportaient, en outre, certains éléments d'armée (dirigeables, aéroplanes, détachements de télégraphie sans fil, etc.).

La composition détaillée de la cavalerie d'armée, dont nous nous occuperons plus spécialement, était la suivante :

Division de cavalerie de la Garde

1re brigade :
- Régiment des gardes du corps (Escadrons 2, 3, 4 et 5).
- Régiment des cuirassiers de la Garde (Escadrons 2, 3, 4 et 5).
- 3e uhlans de la Garde (Escadrons 1, 4, 5) et 4e escadron du 1er uhlans de la Garde.

2e brigade :
- Régiment combiné (1er escadron des gardes du corps, 1er escadron des cuirassiers de la Garde, 2e escadron du 1er dragons de la Garde, 3e escadron du 2e dragons de la Garde).

3e brigade :
- 1er dragons de la Garde (Escadrons 1, 3, 4 et 5).
- 2e dragons de la Garde (Escadrons 1, 2, 4 et 5).

1 détachement de signaux de campagne.

1 détachement de pionniers de cavalerie (Expérimentant des voitures pour le transport de la troupe).

2 batteries à cheval.

1 détachement de mitrailleuses.

La composition de la 2e brigade résultait d'un groupement de circonstance nécessité par une épidémie. Nous désignerons, par la suite, cette brigade par son numéro, ou sous le nom de « brigade de uhlans ».

18e brigade de cavalerie renforcée

3e régiment de grenadiers à cheval (5 escadrons).
15e hussards (5 escadrons).
16e hussards (5 escadrons).
1 détachement de télégraphie sans fil.
1 détachement de pionniers de cavalerie (sur voitures louées).
1 batterie à cheval.
1 détachement de mitrailleuses.

II

THÈME

Situation générale. — Deux armées rouges se sont mises en marche le 7 septembre vers le sud-est en partant de la ligne Bremervörde—Hambourg—Lübeck ; une armée bleue est en retraite par les deux rives de l'Elbe.

Situation particulière au parti bleu. — La IIe armée (armée de l'Elbe) s'est repliée le 10 septembre sur la ligne Putlitz—Schnackenburg—Salzwedel. Des forces ennemies considérables ont atteint Parchim, Hitzacker, Uelzen et Soltau. Des troupes bleues, devenues disponibles en Silésie et dans l'Allemagne du Sud, devaient dans le principe être transportées par chemin de fer et constituer la 1re armée aux environs de Malchin, la IIIe armée à Gifhorn et Hanovre, pour marcher contre les ailes de l'armée rouge. A la nouvelle du débarquement de forces ennemies importantes dans le Greifswalder Bodden, la 1re armée est débarquée, jusqu'au 11 septembre au matin, autour de Prenzlau.

La 41e division d'infanterie, chargée jusque-là de la défense des côtes, reçoit du commandant du groupe d'armées l'ordre de masquer et de couvrir la concentration de la 1re armée. Elle avait résisté, le 9 septembre, sur la Peene, à l'armée de débarquement rouge et s'est repliée derrière le Landgraben et la

Tollense, sur la ligne Ferdinandshof—Friedland—Neddemin—Neubrandenburg, qu'elle occupe le 10 septembre au soir.

Situation particulière au parti rouge. — Le [10 septembre, la Ire armée a atteint la région Verden—Soltau, la IIe armée la ligne Uelzen—Parchim. L'armée bleue de l'Elbe s'est repliée sur Salzwedel, Schnackenburg et Putlitz. Entre temps, la IIIe armée a débarqué dans le Greifswalder Bodden avec la mission de se porter dans la direction du sud. Des troupes bleues chargées de la garde des côtes — environ une division — ont résisté à cette armée, le 9 septembre, sur la Peene, et se sont ensuite repliées derrière le Landgraben dont elles occupent les passages, le 10 septembre au soir, entre Neddemin et Ferdinandshof. Les avant-gardes de la IIIe armée ont atteint la ligne Treptow—Werder—Stretense—Ducherow.

La 18e brigade de cavalerie renforcée a été envoyée par la IIe armée pour éclairer, à l'est du Müritz See, vers l'Oder inférieur et assurer la liaison avec la IIIe armée. Elle a trouvé libre, le 9 septembre, la région entre Waren et Malchin et doit se porter le 10 septembre sur Waren.

III

STATIONNEMENT DES DEUX PARTIS LE 10 AU SOIR

Ordres et renseignements initiaux

Le 10 septembre au soir, la situation des partis est la suivante :

Parti bleu. — Corps de la Garde : Au nord d'Angermünde, 1re division sur la ligne Potzlow—Gerswalde et au sud-est ; 2e division sur la ligne Lützlow—Bertikow—Seehausen et au sud.

XXe corps : 3e division de la Garde sur la ligne Schönermark—Weggun et au sud ; 41e division d'infanterie : 74e brigade autour de Friedland, avec un bataillon détaché à Ferdinandshof, 81e brigade au nord-est de Neubrandenburg.

Division de cavalerie de la Garde : sur la ligne Wilsickow—Güterberg—Lemmersdorf et au sud.

De petits détachements, pouvant atteindre la force d'une compagnie, un escadron et une batterie, ainsi que des patrouilles, ont été poussés dans l'après-midi jusqu'au Landgraben et sur la ligne Neddemin—Neustrelitz. Sur ce dernier point a, en outre, été envoyé un escadron de découverte pris dans le régiment de cuirassiers de la division de cavalerie de la Garde.

Parti rouge. — II⁰ corps : Autour d'Anklam, les deux divisions l'une derrière l'autre au nord de la ligne Thurow—Wussecken—Ducherow.

IX⁰ corps : Au nord de Treptow, les deux divisions l'une derrière l'autre sur la ligne Treptow—Wodarg—Iven—Steinmocker et à l'ouest.

18⁰ brigade de cavalerie : A Waren et environs.

Les deux partis devaient placer leurs avant-postes de guerre le 11 septembre pour 5ʰ 30 du matin. Les lignes avancées indiquées ci-dessus pouvaient être franchies par les patrouilles à 7 heures du matin, par les grandes unités à 7ʰ 30.

Toutefois, la 18⁰ brigade de cavalerie était autorisée à envoyer, dès le 10 septembre dans l'après-midi, des éléments de découverte qui ne devaient pas dépasser ce jour-là la ligne Mirow—Penzlin—Breesen. Ils atteignirent le soir Kratzeburg (10 kilomètres nord-ouest de Neustrelitz) et Penzlin.

Indépendamment de la connaissance de la situation générale et particulière, les chefs de parti et les unités détachées furent orientés sur leur mission, le 10 septembre, par des ordres et des renseignements.

Le commandant de l'armée bleue reçut du commandant du groupe d'armées le télégramme suivant :

« La II⁰ armée attendra l'attaque de l'ennemi sur la ligne Pritzwalk—Wittenberge—Arendsee—Mahlsdorf; la III⁰ armée se portera demain de la ligne Gifhorn—Hanovre contre l'aile droite rouge. La I⁰ armée attaquera l'armée ennemie de débarquement; la 41⁰ division d'infanterie lui est rattachée et est à en prévenir. »

La direction des manœuvres fit connaître à la 41e division d'infanterie les renseignements ci-après :

« Avant-postes rouges reconnus sur la ligne Ducherow—Stretense—Werder—Treptow. Stavenhagen non occupé par l'ennemi. De la cavalerie rouge venant de l'ouest est entrée dans l'après-midi à Waren; des patrouilles paraissent dans la soirée devant Neubrandenburg. »

De son côté le commandant de la IIIe armée rouge reçut le télégramme suivant :

« Depuis le 8 septembre, des troupes bleues sont transportées par chemin de fer de l'Allemagne du Sud et de la Silésie sur Hanovre et Berlin. Les armées vont poursuivre leur marche en avant dans la direction primitive. La 18e brigade de cavalerie renforcée, aujourd'hui à Waren, est rattachée à la IIIe armée. »

Enfin l'avis suivant fut envoyé à la 18e brigade de cavalerie et communiqué en copie au commandant de la IIIe armée rouge.

« La brigade, à laquelle la IIe armée avait fixé la ligne Müritz See—Wesenberg—Templin—Angermünde comme limite de son exploration vers le sud, a atteint dans l'après-midi Waren. Elle a établi vers 4 heures de l'après-midi la liaison avec le IXe corps à Gültz. Les renseignements de la découverte parvenus jusqu'à 4 heures sont les suivants : Région entre Mirow et Neustrelitz libre, Neubrandenburg occupé.

IV

DISPOSITIONS POUR LE 11 SEPTEMBRE

Ordres

Parti bleu. — Le but du commandant du parti bleu était de marcher d'abord à la rencontre de l'armée de débarquement rouge, de la battre pour acquérir sa liberté d'action et de remplir ensuite sa mission principale : agir contre le flanc gauche de la IIe armée rouge.

L'armée de débarquement, ayant connaissance de l'approche

de la 1re armée bleue, allait de son côté marcher sur elle. Elle ferait très vraisemblablement son mouvement, avec toutes ses forces, entre le Tollense See et le Galenbecker See, peut-être en portant un détachement vers Ferdinandshof. Un succès rapide contre son aile droite, en l'acculant au Kleines Haff, aurait produit un grand résultat; mais il nécessitait la concentration, en temps utile, du gros des forces bleues à l'ouest de la ligne Fürstenwerder—Feldberg—Lychen, ce que ne permettaient ni la nature du terrain, ni la disposition du réseau routier. Il fallait donc se contenter d'une attaque contre l'aile gauche, et, pour la rendre aussi enveloppante que possible, faire avancer l'aile droite bleue le long de l'Ucker.

D'un autre côté, le corps de la Garde ne pouvait guère parvenir le 11 qu'à hauteur de Prenzlau; il convenait donc de ne pas faire avancer beaucoup, ce jour-là, la 3e division de la Garde, ce qui eût exposé le XXe corps à lutter, sans pouvoir être soutenu, contre des forces très supérieures. Quant à la 41e division qui, déployée sur un front extrêmement étendu, n'était pas capable d'une longue résistance, elle devait conserver le contact et chercher à attirer sur elle le plus possible des forces ennemies, en se repliant de manière à démasquer le front du gros et à ne pas se laisser acculer aux défilés impraticables de la ligne de lacs Fürstenwerder—Lychen.

D'après ces considérations, le commandant du parti bleu, dans son ordre d'armée pour le 11 septembre, prescrivit :

Au corps de la Garde, d'atteindre avec ses avant-gardes Blindow et Ellingen;

Au XXe corps (moins la 41e division), de porter ses avant-gardes sur la ligne Schlepkow—Ottenhagen;

A la 41e division, d'attirer sur elle, en évitant tout combat décisif, des forces importantes de l'adversaire, et de se replier à l'ouest de la ligne Woldegk—Fürstenwerder;

Au détachement de Ferdinandshof, de défendre sur ce point les passages du Landgraben et, devant des forces supérieures, de se retirer sur Strasburg.

En ce qui concerne la cavalerie, l'ordre de l'armée disait :

« La division de cavalerie de la Garde (moins l'escadron de

Neustrelitz, rattaché au XXe corps) se portera sur Friedland et retardera la marche en avant de l'ennemi, de concert avec la 41e division. Elle éclairera vers la ligne Ducherow—Treptow en agissant tout d'abord en liaison avec la 41e division et le détachement de Ferdinandshof, et déterminera le nombre, la force et les objectifs de marche des colonnes ennemies, particulièrement de celles de l'aile est. Limite ouest de l'exploration éloignée : route Woldegk—Warlin—Neuenkirchen—Treptow (inclusivement). »

Cet ordre traçait nettement à la division sa double mission d'exploration et de combat, mission bien en harmonie avec le plan général d'opérations. La cavalerie ennemie, partant de Waren, pouvait passer à l'ouest et au sud du Tollense See. Envoyer de ce côté la division de cavalerie de la Garde, c'eût été se priver de son concours, le 11 et peut-être le 12, pour les combats particulièrement importants qui se livreraient à l'aile droite. Elle avait à jouer un rôle infiniment plus utile en couvrant sur son flanc droit la retraite de la 41e division, en coopérant avec elle au combat, en reconnaissant la marche de l'ennemi, surtout celle de son aile gauche, enfin, par le fait même de la direction qui lui était donnée, en masquant l'approche du gros. Elle se trouvait également bien placée pour appuyer les jours suivants, sur son aile extérieure, l'attaque enveloppante projetée.

Le colonel von Unger approuve tout spécialement le commandant de l'armée bleue de n'avoir pas compliqué la mission assignée à sa division de cavalerie et le rôle qu'il lui réservait dans sa pensée pour l'avenir, en la chargeant explicitement de voiler la marche en avant du gros de l'armée. « Si, dit-il, la couverture est catégoriquement exigée et ne doit pas rester un vain mot, elle ne souffre d'autres missions à côté d'elle que dans une mesure très limitée. Elle oblige la division à une répartition des forces et à une stabilité qui restreignent extraordinairement la possibilité d'une participation active au combat, telle que celle qu'on avait ici manifestement en vue. Si la division devait masquer efficacement les mouvements du corps et de la 3e division de la Garde, elle ne pouvait être engagée dans la région de

Friedland. Elle n'eût pas eu besoin pour cela de faire un pas en avant, mais aurait dû seulement se disposer sur un front d'une étendue convenable. »

Le commandant de l'armée bleue se contenta donc de se garder avec des fractions de cavalerie divisionnaire contre la menace de la cavalerie ennemie par le sud du Tollense See. Il en résulta que les deux cavaleries d'armée ne se rencontrèrent pas pendant les trois journées de manœuvre, n'entravèrent pas mutuellement leur exploration, et eurent toute liberté pour agir dans le combat en liaison étroite avec les autres armes. Leur instruction ne dut certainement qu'y gagner à bien des points de vue. Cependant il ne faudrait pas se baser sur ce fait, conséquence d'une situation initiale et de circonstances toutes spéciales, pour en déduire qu'à la guerre les choses pourront très souvent se passer de la même manière. Si la 18e brigade de cavalerie rouge, au lieu de partir de Waren, avait eu au début à couvrir la concentration de l'armée de débarquement, il est fort probable qu'elle n'eût porté dans la région des lacs, pour garder le flanc droit, que de faibles détachements et qu'elle eût été employée à l'exploration sur le front, par Friedland ou par Ferdinandshof, dans la direction générale de Prenzlau, sur laquelle elle se serait inévitablement heurtée à la cavalerie bleue.

Le front Ducherow—Treptow, assigné à l'exploration de la division de cavalerie de la Garde, était celui qu'occupaient, d'après les données initiales, les avant-postes de l'armée rouge; il avait une étendue, à vol d'oiseau et en ligne droite, de 36 kilomètres. Ce développement parut sans doute exagéré au commandant de la division, car il ne tint aucun compte de la limite occidentale jusqu'à laquelle l'ordre de l'armée lui prescrivait d'étendre sa découverte et sembla ne se préoccuper que de l'aile gauche ennemie. Son ordre pour le 11, donné le 10 au quartier général de Kutzerow, était en effet libellé comme il suit :

1. Des avant-postes ennemis sont établis sur la ligne Ducherow-Stretense et Werder—Treptow.

2. La 41e division d'infanterie se repliera en partie le 11 septembre, avec son aile droite, par la route Friedland—Woldegk, pour attirer sur elle des forces ennemies importantes.

3. La division de cavalerie de la Garde marchera, le 11 septembre, sur Friedland pour soutenir la 41ᵉ division.

4. L'avant-garde rompra à 7ʰ 30 du matin, du passage du chemin Lubbenow—Strasburg sur le Mildnitz, par Strasburg—Schönhausen—Matzdorf—Wittenborn, sur Lübbersdorf. Découverte jusqu'à la ligne Schwichtenberg—Friedland pour déterminer la force, la direction et les objectifs de marche de l'aile gauche ennemie.

5. Le gros suivra à 7ʰ 30 du matin, de Jagowshof, à 1 kilomètre de distance.

6. Le train régimentaire sera à midi sur le chemin Lübbenow—Louisfelde (Priesterweg), la tête à Chaussechaus. Ordre de marche : État-major de la division, 3ᵉ brigade, détachement de signaux de campagne, détachement de mitrailleuses, groupe à cheval, 2ᵉ brigade, 1ʳᵉ brigade.

7. Je marcherai en tête de l'avant-garde.

Le colonel von Unger donne, en note, la composition et l'ordre de marche de l'avant-garde et du gros, qui étaient les suivants :

Avant-garde : 2ᵉ dragons de la Garde, une section du groupe à cheval, détachement de signaux.

Gros : 1ᵉʳ dragons de la Garde (moins le 2ᵉ escadron), détachement de mitrailleuses, groupe à cheval (moins une section), 2ᵉ brigade, 1ʳᵉ brigade, détachement de pionniers.

Nous ignorons dans quelle partie de l'ordre se trouvaient ces indications indispensables. En général, les ordres de mouvement allemands, après les premiers paragraphes consacrés à l'exposé des renseignements sur l'ennemi, de la situation, du mouvement général de l'armée et de la mission à remplir, sont divisés en deux colonnes. Dans la colonne de gauche figurent la composition et l'ordre de marche des divers éléments; dans celle de droite, les prescriptions relatives aux points de rassemblement ou au point initial, aux heures de départ, etc. Cette disposition est pratique et bonne à imiter.

L'ordre ci-dessus était complété par un « Ordre particulier pour la découverte » ainsi conçu :

1. Découverte rapprochée. — Les patrouilles de la 3ᵉ brigade de cavalerie de la Garde atteindront, le 11 septembre, à 7ʰ 30 du matin, la ligne Galenbeck—Wittenborn—Cosa, vers 8ʰ 30 la région des hau-

teurs au sud de Schwichtenberg—Friedland. Rapports directement à la division.

2. Découverte éloignée. — Le 11 septembre seront envoyés en avant :

a) Une patrouille d'officier indépendante, de la 2e brigade (2 officiers, 1 sous-officier, 12 cavaliers), partant à 7 heures de Ferdinandshof pour la découverte sur Ducherow et l'observation permanente de la route Ducherow—Ferdinandshof, ainsi que pour préciser si des forces ennemies se portent de Ferdinandshof sur Strasburg ou Pasewalk. Rapports par le télégraphe de l'état (1) au centre de transmission de Strasburg;

b) Un escadron de découverte, 2e du 1er dragons de la Garde, vers Schwichtenberg. Il barrera, à partir de 7 heures du matin, le passage du chemin Schwichtenberg—Löwitz sur le Landgraben et éclairera vers Ducherow—Stretense. Il s'agit de savoir de bonne heure si des forces ennemies se portent de Ducherow sur Löwitz et de Stretense sur Boldekow. La 41e division d'infanterie tiendra tout d'abord la coupure du Landgraben à Schwichtenberg et à l'ouest et se repliera ensuite devant les forces ennemies supérieures, son aile droite sur la route Schönbeck—Woldegk—Fürstenwerder. L'escadron aura alors pour mission d'établir quelles forces ennemies suivent cette route et celles plus à l'est jusqu'au Galenbecker See. Rapports directement à la division;

c) Le détachement de signaux de campagne établira, à 7h 30, un centre de transmission des renseignements à Strasburg; il assurera, en utilisant la ligne de l'État, la liaison avec le détachement de Ferdinandshof et la jonction, à Woldegk, avec le fil établi par le XXe corps par Fürstenwerder—Woldegk—Warlin jusqu'à Friedland, pour la liaison avec la 41e division d'infanterie.

Comme on le voit, cet ordre négligeait complètement la partie ouest du secteur assigné à l'exploration, et si le commandant de l'armée connut les mouvements du IXe corps rouge, ce ne put assurément pas être par les rapports de sa division de cavalerie. Nous trouverons au cours de cette étude d'autres exemples d'une initiative qui peut devenir bien dangereuse lorsqu'elle est poussée, comme ici, jusqu'à la non-exécution d'ordres formels, sans qu'un changement imprévu dans la situation la justifie.

Au point de vue de l'itinéraire choisi par le commandant de

---

(1) Les lignes de l'État pouvaient être utilisées par le parti bleu jusqu'à minuit du 11 au 12 septembre.

la division, le chemin de Schönhausen par Rattey et Cosa présentait l'avantage de traverser un terrain plus favorable aux mouvements de la cavalerie et de permettre une liaison plus étroite avec la 41e division. Mais le général — suivant le colonel von Unger — « voulait gagner la ligne Kotelow—Lübbersdorf, car, en dehors de la marche de l'ennemi par Friedland, il considérait comme extrêmement probable celle par Löwitz—Schwichtenberg, de la part des troupes signalées à Ducherow et au nord. Ainsi fut choisi le chemin passant par Matzdorf et Wittenborn. »

Un mot encore au sujet de l'ordre de la division.

A 7ʰ 30 du matin, la « découverte rapprochée », *fournie par l'avant-garde*, doit occuper un front de 8 kilomètres environ, à 15 ou 16 kilomètres en avant de l'avant-garde. Ce n'est pas autre chose que notre sûreté éloignée; mais nous pouvons faire notre profit du soin avec lequel l'ordre de la division règle le mouvement de cet organe par bonds successifs, limités à des lignes ou à des points du terrain, à atteindre à des heures déterminées.

Remarquons aussi que toutes les dispositions relatives à la découverte sont contenues dans un ordre particulier *écrit*. Dans la cavalerie allemande, cet ordre est souvent présenté sous la forme d'un tableau indiquant dans des colonnes distinctes :

1. La composition des éléments de découverte (ou des centres de transmission des renseignements).

2. Les grandes unités qui les fournissent.

3. Les heures et lieux de départ.

4. Les objectifs à atteindre approximativement, à des dates déterminées, par les gros des détachements et par leurs patrouilles, ou par les patrouilles d'officier indépendantes.

5. Les zones ou secteurs affectés à l'exploration pour chaque élément.

6. Les points sur lesquels doit porter l'observation, les centres sur lesquels doivent être dirigés les renseignements, les mouvements probables de la division, le service à fournir par les télégraphistes, motocyclistes, etc.

Dans la cavalerie française, on a plutôt l'habitude de donner toutes ces indications verbalement, sur la carte, aux intéressés réunis au quartier général, qui en prennent note sur leur carnet.

Les deux systèmes ont leurs avantages et leurs inconvénients. L'ordre est long à établir et, si détaillé qu'il soit, ne traduit jamais la pensée du chef avec autant de précision que sa parole. Mais il renseigne chaque élément sur l'ensemble du service et sur le mouvement des éléments voisins; de plus, il *reste* à la division comme témoin des mesures prescrites. D'autre part, la réunion des officiers chefs de détachements ou de reconnaissances, souvent cantonnés loin du quartier général, est parfois difficile à réaliser en temps utile et leur impose un surcroît de fatigue. Le mieux est donc d'opérer suivant les circonstances, des deux façons à la fois, si on le peut, pour profiter des avantages de l'une et de l'autre. Il faut surtout ne pas oublier que le seul moyen d'être bien renseigné est de *préciser, par des questions très claires, ce qu'on veut savoir*, et que la *meilleure découverte reste improductive et inutile si la transmission rapide des renseignements n'est organisée dans ses moindres détails.*

Parti rouge. — La situation et la mission de la III⁰ armée rouge nécessitaient sa marche en avant immédiate et rapide, car d'heure en heure augmentait la possibilité d'un renforcement des troupes bleues encore faibles qu'elle avait jusqu'alors trouvées devant elle. Le commandant du parti résolut donc de se porter tout d'abord sur Neddemin et Friedland, de s'ouvrir avec de fortes avant-gardes les passages sur le Landgraben et de poursuivre ensuite sa marche sur Woldegk. Si l'adversaire acceptait la bataille sur la coupure Neddemin—Friedland, on l'attaquerait en se couvrant contre les surprises pouvant venir de Ferdinandshof. Quant à la cavalerie, son mouvement sur Neustrelitz paraissait tout indiqué.

L'ordre pour le 11 prescrivait en conséquence la marche de l'armée vers le sud jusqu'à la ligne Stargard—Golm. Les deux corps devaient forcer sans délai les passages du Landgraben, et s'avancer : le IX⁰ corps par Neddemin sur Neubrandenburg (avec un détachement de flanc à l'ouest de la rivière Tollense), le II⁰ corps par Friedland sur Golm.

Le paragraphe de l'ordre relatif à la cavalerie était ainsi conçu :

La 18e brigade de cavalerie renforcée se portera au sud du Tollense See pour arrêter l'ennemi se repliant au delà. Elle observera les routes conduisant de Neustrelitz à Wittstock et Rheinsberg et établira si de nouvelles forces ennemies ont atteint vers le nord la ligne Gransee—Templin—Angermünde.

Sur la base de ces directives, le commandant de la 18e brigade de cavalerie donna le 10, à Waren, l'ordre suivant :

1. Le flanc droit de l'ennemi en retraite devant la IIe armée a atteint Putlitz. Les troupes ennemies de défense des côtes (environ une division d'infanterie), se repliant du nord, ont occupé les passages de la Tollense et du Landgraben sur la ligne Neubrandenburg—Neddemin—Ferdinandshof.

2. La IIIe armée attaquera demain cet ennemi.

3. La 18e brigade de cavalerie est rattachée à la IIIe armée et se portera demain sur la coupure du Nonnenbach, au sud du Tollense See.

4. La découverte contre les troupes ennemies qui protégeaient jusqu'ici les côtes sera fournie par des patrouilles du régiment de grenadiers à cheval; celle vers la coupure Angermünde—Penkun (25 kilomètres est de Prenzlau) par deux escadrons de découverte; la découverte par Wittstock, Rheinsberg, Gransee et Templin sur Berlin, par des automobiles (Voir l'ordre particulier).

Ordre de marche. — Avant-garde : 16e hussards (moins 4e escadron); détachement de mitrailleuses; 1re station lourde de télégraphie sans fil; détachement de pionniers.

Gros : Escadrons 1, 2, 3 des grenadiers; batterie; 2e station lourde de télégraphie sans fil; escadrons 4 et 5 des grenadiers.

Détachement du flanc droit : 15e hussards (moins 1er escadron).

5. La brigade se rassemblera demain dans l'ordre de marche ci-contre, à 8h 40 du matin, l'avant-garde à 1 kilomètre est de Möllenhagen, la tête du gros à la sortie ouest de Möllenhagen, le détachement du flanc droit à Ankershagen, 15 kilomètres nord-ouest de Blumenholz.

6. La marche sera commencée : à 8h 45 du matin, par la colonne principale, par Penzlin, Prillwitz sur Usadel (Découverte rapprochée fournie par l'avant-garde jusqu'à Ballwitz—Gross-Nemerow); à 9h 15 par le 15e hussards, par Pekatel sur Blumenholz (découverte rapprochée jusqu'à Carpin—Blankensee). Le 15e hussards se tiendra en

liaison avec la colonne principale et rendra compte de son arrivée à Blumenholz.

7. Le train régimentaire (15e hussards compris) suivra à 10 heures de Möllenhagen, d'abord jusqu'à l'embranchement des routes au sud et contre Penzlin.

8. J'arriverai à l'avant-garde à 8h 40.

D'après l'ordre particulier, la découverte était organisée de la façon suivante :

Escadron de découverte A (1er du 15e hussards, le 10 au soir à Kratzeburg). Éclairera sur les chemins conduisant vers le nord et le nord-ouest entre la ligne Lychen—Templin—Angermünde (inclusivement) et la ligne Dewitz—Bredenfelde—Boitzenburg—Seehausen—Zichow (inclusivement). Objectif de marche du 11 : région de Feldberg. Rapports par le télégraphe sans fil ou par relais.

Escadron de découverte B (4e du 16e hussards, le 10 au soir à Penzlin). Éclairera sur les chemins conduisant vers le nord et le nord-ouest entre la ligne Dewitz—Bredenfelde—Seehausen—Zichow (exclusivement) et la ligne Strasburg—Prenzlau—Penkun (inclusivement). Objectif du 11 : environs de Woldegk. Rapports par le télégraphe sans fil ou par relais.

Patrouille C (2 officiers, 1 peloton de grenadiers à cheval et télégraphistes, le 10 au soir à Penzlin). Éclairera dans le terrain au sud de la coupure Friedland—Neubrandenburg, au nord de la ligne Schönbeck—Stargard. Objectif du 11 : région à l'ouest de la ligne Glienke—Neetzka.

Chacun des deux escadrons de découverte était accompagné d'une station légère de télégraphie sans fil. L'ordre indiquait qu'une station lourde de la brigade se tiendrait prête chaque jour à recevoir les dépêches, du point du jour jusqu'au départ, puis entre 11 heures et midi, enfin de 4 heures de l'après-midi jusqu'au lendemain matin.

L'ordre particulier pour les éléments de découverte contenait, en outre, les instructions suivantes :

a) Pour les escadrons A et B :

« Il est particulièrement essentiel de savoir si des colonnes ennemies sont en marche à l'intérieur des zones indiquées, sur

quelles routes, et quels points elles atteindront. L'escadron A
a pour mission de découvrir l'aile gauche ennemie et de garder
le contact avec elle; l'escadron B de déterminer, s'il rencontre
l'ennemi, le nombre et la force de ses colonnes. Il ne faut accrocher à la cavalerie ennemie que de faibles patrouilles; les patrouilles affectées à la reconnaissance des colonnes d'infanterie
ne doivent pas se laisser distraire de leur mission par la cavalerie. »

b) Pour la patrouille C :

« Il est vraisemblable que les troupes ennemies qui se sont
repliées derrière le Landgraben ne soutiendront pas l'attaque
des IIe et IXe corps et se retireront d'abord en arrière de la ligne
Friedland—Neubrandenburg. La brigade doit arrêter le 11 ou
le 12 la retraite de ces troupes; l'observation précise et l'annonce
rapide de tous leurs mouvements, et particulièrement, le 11,
la surveillance des passages de Glienke, Warlin, Neubrandenburg,
ont donc la plus grande importance. La patrouille pourra, dans
ce but, se fractionner. Le général compte porter la brigade le
11 jusqu'à la coupure du Nonnenbach, à l'extrémité sud du
Tollense See, et de là, le 12, d'abord probablement dans la direction du nord-est. »

Quant à la découverte par automobiles, elle était confiée à
deux officiers d'ordonnance et devait être dirigée vers le sud-est,
le sud et le sud-ouest jusqu'à Mirow, Rheinsberg, Gransee et
Templin. Les officiers devaient revenir le 11 sur Usadel.

V

OPÉRATIONS
DE LA DIVISION DE CAVALERIE DE LA GARDE
LE 11 SEPTEMBRE

Le 10 septembre, au soir, le général commandant la division
de cavalerie de la Garde avait reçu sur la situation de la 74e brigade d'infanterie, qui formait en avant l'aile droite de la 41e division, la communication suivante : « A Schwichtenberg, Klo-

kow, Sandhagen, 1 compagnie et 1 batterie sur un large front;
en liaison à gauche, 3 autres compagnies avec des sections d'artillerie sur le Landgraben, aile gauche vers Beseritz. Le gros
aura à 5ʰ 30 du matin son aile droite au petit bois ouest de
Hohenstein. Le temps pendant lequel Schwichtenberg et le Landgraben resteront occupés dépendra de la pression qu'exercera
l'ennemi. Les avant-gardes céderont devant une attaque sérieuse
et se replieront sur la deuxième position (Datze), sur laquelle
ne doit être opposée non plus aucune résistance énergique. Si les
circonstances le permettent, l'aile droite seule résistera un peu
plus longtemps sur la ligne Hohenstein—Genzkow, dans le but
d'obliger l'ennemi à s'engager contre cette ligne et de donner
ainsi à la division de cavalerie de la Garde la possibilité d'attaquer son flanc gauche dans la région de Lübbersdorf. Projets
ultérieurs : gagner la ligne Oltschlott—Ballin—Teschendorf. »

La deuxième position dont il est question dans cette note,
préparée à l'aile droite, s'étendait de la lisière nord du bois à
l'ouest de Hohenstein jusqu'à la lisière du bois au sud de Caro-
linenhof.

Le gros de l'avant-garde de la division de cavalerie (2ᵉ dragons de la Garde, deux canons) parvint à Wittenborn à 9ʰ 25 du
matin. A ce moment arriva un rapport, écrit à 8 heures « au nord
de Friedland » et faisant connaître que l'avant-garde d'une forte
colonne ennemie, en marche vers Friedland, atteignait Boldekow.

En admettant que ce rapport fût parti du Cavel Berg, il avait
mis une heure vingt-cinq à parcourir 14 kilomètres, vitesse de
transmission bien faible. Il n'était plus possible de barrer le
passage du Landgraben à l'ennemi, qui atteindrait forcément
Friedland avant la division, s'il n'y était déjà. Le général résolut
donc de l'attaquer sur son flanc gauche au moment où il débou-
cherait de la ville, tout en se gardant du côté de Schwichtenberg,
d'où aucun rapport n'était encore arrivé. Il donna, dans ce but,
les ordres suivants :

« La brigade de dragons, avec 2 canons et 2 mitrailleuses, se
portera par Neue Mühle et Alte Mühle vers Lübbersdorf.

« Le groupe à cheval se mettra en batterie sur la hauteur 37
ouest de Kotelow.

« La brigade de uhlans avec 4 mitrailleuses marchera par Neue Mühle vers les boqueteaux entre la hauteur 37 et le bois de Friedlander Tannen.

« La brigade de cuirassiers se rassemblera en réserve près de Kotelow et assurera la sûreté vers Schwichtenberg. »

Les uhlans et les dragons devaient ouvrir le feu dès que l'aile gauche de l'ennemi, dans son déploiement à l'est de la route Friedland—Heinrichswalde, arriverait à bonne portée. Si des forces ennemies marchaient de Friedland sur Lübbersdorf, les uhlans et l'artillerie protégeraient le flanc droit des dragons.

Vers 10h 30, la brigade de dragons était au nord-ouest de Lübbersdorf, la brigade de uhlans entre le bois au nord-ouest de ce village et le bois de Friedlander Tannen, la brigade de cuirassiers au sud-ouest de Kotelow. Le général de division se tenait à la cote 37, près de l'artillerie. A ce moment, des reconnaissances d'officier poussées en avant firent connaître qu'une division d'infanterie marchait sur Friedland, de la cavalerie sur Schwerinsburg. Un escadron fut envoyé pour renforcer à Schwichtenberg l'escadron de découverte qui s'y trouvait depuis 7 heures du matin.

Apercevant une colonne en marche de Cavelpasz sur Friedland, la brigade de uhlans poussa vers Heinrichshoh, avec un soutien d'un escadron, ses mitrailleuses qui ouvrirent le feu à 2.000 mètres. A 10h 55, le groupe à cheval tira de son côté d'abord à 5.800 mètres, puis, après un changement de position vers le nord-ouest, à 4.500 mètres, sur une colonne d'artillerie en vue au nord de Friedland. L'ennemi, paraît-il, ne prit aucune disposition pour se soustraire à ces feux dont il sembla ne pas se douter. Il fallait qu'il fût bien mal éclairé par sa cavalerie divisionnaire — et cela, au passage d'une coupure importante — pour ignorer qu'une division de cavalerie, avec du canon et des mitrailleuses, était sur son flanc gauche à moins de 5 kilomètres !

Un peu avant 11 heures, l'avant-garde de la 3ᵉ division bleue atteignait la hauteur 30 au sud de Friedland. La brigade de dragons l'aperçut. C'était pour elle le moment d'entrer en action : son chef la mit en retraite et la rassembla au sud-est de Lübbersdorf, prête à occuper l'angle nord-ouest de la forêt; il rendit compte de ce mouvement au général de division. Ce dernier, en présence de cette situation, résolut alors de rassembler toute la division près de Lübbersdorf pour attaquer l'ennemi pendant sa marche sur Heinrichswalde. A 11ʰ 20, il donna l'ordre :

A l'artillerie, de se mettre en batterie près de Lübbersdorf et de se hâter de prendre sous son feu les colonnes déjà visibles au sud de Friedland;

A la brigade de dragons, de se reporter en avant et d'assurer la protection de l'artillerie;

Aux uhlans et aux cuirassiers, de se diriger sur Lübbersdorf.

Mais le général jouait de malheur. Son ordre fut mal transmis à l'artillerie, ou mal compris, et les batteries, au lieu de s'arrêter près de Lübbersdorf, continuèrent leur marche vers le sud et allèrent s'établir sur la hauteur 44, au nord de Brohm. Force fut d'y envoyer la brigade de dragons pour les protéger, de sorte qu'à midi la division se trouvait partagée en deux groupes, l'un à l'est de Lübbersdorf, l'autre au nord de Brohm, à 4 kilomètres de distance.

Avant de continuer la description des combats soutenus par la division, jetons un coup d'œil sur ces premières opérations.

Sachant l'ennemi en marche par Boldekow, le général de division n'en avait pas moins persisté à gagner la ligne Kotelow—Lübbersdorf, parce qu'il continuait à considérer comme possible, sinon probable, le mouvement d'une autre colonne par Löwitz sur Schwichtenberg. Il était pourtant difficile de songer à défendre à la fois deux passages aussi éloignés l'un de l'autre que ceux de Schwichtenberg et de Friedland, car si l'ennemi parvenait à forcer l'un, la défense de l'autre tombait immédiatement. Mieux valait donc se porter avec toutes ses forces vers celui que l'ennemi menaçait le premier, c'est-à-dire celui de Friedland. C'est ce que fit le général de division. Mais si sa décision fut judicieuse, l'exécution laissa fort à désirer.

Tout d'abord, l'ordre donné à 9ʰ 25 du matin assignait à la brigade de uhlans et à l'artillerie des positions beaucoup trop éloignées de l'objectif. L'ennemi débouchant de Friedland pouvait avoir déjà déployé des forces sérieuses avant que ses fractions dirigées vers Lübbersdorf et vers les boqueteaux au nord-est fussent parvenues à la limite extrême de portée des carabines. D'autre part, le partage de la division en trois groupes, séparés les uns des autres par des distances de 3 kilomètres au moins, présentait de nombreux inconvénients. Il ne permettait sur aucun point le déploiement d'une puissance de feu vraiment efficace; il rendit possible la retraite prématurée de la brigade de dragons, sans que le général de division pût intervenir en temps utile; enfin il retarda considérablement la réunion de la division, lorsque le général se décida à la concentrer près de Lübbersdorf — ce par quoi il eût dû commencer.

Certes, l'action retardatrice contre une colonne de toutes armes ne peut comporter l'emploi de la division en une seule masse sans souplesse, et son partage en groupes de combat, dont les chefs jouissent d'une large initiative, s'impose dans ce cas le plus souvent. Mais cette initiative doit être limitée aux *moyens* à employer pour réaliser les *desseins* du général de division, *sur lesquels les chefs en sous-ordre doivent toujours être parfaitement orientés ;* et le chef supérieur ne saurait invoquer la liberté d'action qu'il a laissée à ses subordonnés, pour justifier l'abdication de son commandement qui doit, en toute circonstance, conserver son *unité* absolue.

Dans une opération de ce genre — et lorsque la division doit agir contre l'ennemi dans une direction unique, soit de front, soit de flanc, comme c'était ici le cas — il est donc indispensable de ne pas disperser les groupes de combat à des distances trop grandes et de les maintenir en liaison étroite avec le commandement, pour que ses ordres puissent leur être très rapidement transmis. Si l'action de la division doit s'exercer à la fois dans deux directions différentes, par exemple contre le front et contre un flanc de la colonne ennemie, l'une des deux attaques est exécutée par un groupe spécial — généralement une brigade avec ou sans artillerie — véritable détachement dont le chef devient alors seul responsable de l'opération dont l'exécution lui est confiée.

Nous verrons plus loin comment l'action de la division eût pu être comprise. Revenons d'abord à ses opérations.

A midi, au moment où la division, comme nous l'avons dit, se rassemblait en deux groupes à Lübbersdorf et à Brohm, les arrière-gardes de la 74e brigade d'infanterie évacuaient leur deuxième position. Le gros de cette brigade s'était déjà replié, une demi-heure auparavant, vers la ligne Golm—Kublank. Du côté rouge, la 5e brigade d'infanterie, ayant ses deux régiments accolés des deux côtés de la grande route, poursuivait sa marche offensive, son aile gauche ayant comme direction le bois à l'ouest de Hohenstein. Toute l'artillerie de la 3e division était sur la hauteur 30, au sud de Friedland, derrière laquelle la 6e brigade s'était arrêtée à couvert. Dès 12^h 15, toute la division rouge se remettait en marche sur Heinrichswalde.

De Lübbersdorf, le détachement de mitrailleuses de la division de cavalerie de la Garde, avec un escadron de cuirassiers, était allé s'établir près de la ferme située à l'ouest du village. Il ouvrit de là le feu sur des tirailleurs de l'aile gauche ennemie, qui disparurent bientôt dans le bois à l'ouest de Hohenstein. Deux autres escadrons de cuirassiers occupèrent peu après le bois à l'ouest de la cote 25, au nord de Hohenstein, mais ne trouvèrent pas tout d'abord à s'employer, faute d'objectif visible. Quant à l'artillerie, elle avait pu de son côté, de sa position au nord de Brohm, prendre sous son feu, à 4.000 mètres, la 5e brigade d'infanterie rouge en marche sur Heinrichswalde, que ses premiers éléments atteignirent vers 12^h 45. Ces actions partielles, décousues, sans lien entre elles et sans plan d'ensemble, ne pouvaient produire et ne produisirent aucun effet. La position de Lübbersdorf était bonne; mais la division, pour pouvoir entraver efficacement le déploiement de l'ennemi au débouché de Friedland, aurait dû occuper ce point une heure au moins plus tôt et y réunir toutes ses forces, tandis qu'il lui manquait toute une brigade et l'artillerie. Elle était maintenant complètement isolée, menacée d'être tournée par le sud, et l'on savait par les reconnaissances que tout un corps d'armée ennemi s'avançait par Friedland. A 1^h 30, le général de division se décida à abandonner les environs de Lübbersdorf et à rassembler ses troupes derrière le Mühlbach, sur les hauteurs au sud-est de Cosa. Il dirigea donc sur Brohm la brigade de uhlans, qui se tenait à l'est de Lübbersdorf, et chargea la brigade de cuirassiers de couvrir cette retraite en imposant à l'ennemi un nouvel arrêt.

Le général commandant la brigade de cuirassiers fit occuper par trois nouveaux escadrons les bois situés de part et d'autre de la cote 25 et plaça à son aile droite les mitrailleuses qui, de concert avec les tirailleurs, purent tirer sur des colonnes d'infanterie et d'artillerie auxquelles elles auraient, dans la réalité, fait subir de fortes pertes. A 2^h 30 le général de brigade, apprenant la marche de l'ennemi sur Brohm, évacua sa position, gagna par Meicrei, non sans difficulté, la rive est du Mühlbach et atteignit vers 3 heures les hauteurs de Brohm.

Entre temps la brigade de uhlans avait pris position, à 2^h 30, au sud-est de Cosa. Quant au groupe formé par la brigade de dragons et par les batteries, il s'était également replié, de son propre mouvement, sur la rive est du Mühlbach, au moment où, vers 1^h 30, des fractions d'infanterie ennemie avaient commencé à marcher sur Brohm. A 2^h 30 le groupe à cheval, des hauteurs à l'est de Cosa, avait canonné, sur l'ordre du général de division arrivant à ce moment de Brohm, une colonne d'artillerie arrêtée pied à terre sur la route, au nord d'Heinrichswalde. Mais l'ennemi riposta bientôt par le feu de six batteries et, au bout d'une demi-heure, le groupe dut se retirer à l'abri.

La brigade de cuirassiers s'approchait. Pour la première fois depuis 9^h 25 du matin la division allait être réunie dans la main de son chef.

Bien que la façon dont procéda la division prête à la critique, on peut s'étonner de la désinvolture avec laquelle l'infanterie rouge poursuivit sa marche, comme si elle eût ignoré la présence de la cavalerie ennemie sur son flanc gauche. D'après le colonel von Unger, le général commandant la 3e division rouge n'en aurait eu connaissance qu'à 2 heures, à Heinrichswalde, par les officiers de liaison avec la 4e division — ce qui tendrait à prouver que la cavalerie divisionnaire rouge faisait son métier en dépit du sens commun. Mais nous inclinons plutôt à croire qu'il en va en Allemagne comme chez nous où l'infanterie, aux manœuvres, paraît se soucier fort peu du feu de la cavalerie. A la guerre, elle changera vite d'opinion.

Quoi qu'il en soit, la cavalerie divisionnaire, dans la réalité, aurait dû éclairer le flanc gauche du parti rouge aussitôt après la traversée de Friedland et aurait bientôt rendu compte de la présence d'une division de cavalerie ennemie à Lübbersdorf et au nord. La 3ᵉ division rouge aurait aussitôt pris des mesures pour dégager son flanc et obligé la cavalerie à la retraite. Plus tard, lorsque l'ennemi eut gagné Heinrichswalde et le bois de Hohenstein, la position de flanc prise par la cavalerie bleue était plus critique encore et sa retraite aurait pu être rendue impossible par le mouvement rapide de fractions du parti rouge sur Brohm et Cosa.

Nous pensons donc — partageant entièrement à ce sujet l'avis du colonel von Unger — que la division de cavalerie de la Garde, au lieu de s'établir en pointe et sur le flanc de la route suivie par la colonne ennemie, ayant à dos un terrain impraticable et le Galenbecker See, aurait mieux fait de prolonger le front de la 41ᵉ division, en formant échelon avancé par rapport à cette division, dans la région à l'ouest de Lübbersdorf, et se maintenant en liaison étroite avec elle. Elle serait arrivée sur cette position en temps utile, à bonne portée d'artillerie du débouché de Friedland. Solidement appuyée par sa droite à Lübbersdorf et tenant la ferme à l'ouest, elle aurait pu mettre en première ligne sur le plateau du Burgfeld deux brigades, ses batteries, ses mitrailleuses et déployer une puissance de feu qui eût obligé l'ennemi à étendre son front vers l'est et l'eût considérablement retardé dans sa marche. La brigade de cuirassiers, en réserve générale à cheval au sud de Lübbersdorf, aurait assuré la retraite sur Brohm et gardé le flanc extérieur en éclairant vers Schwichtenberg. Dans cette situation, la division aurait pu coopérer beaucoup plus efficacement à la résistance de la 41ᵉ division d'infanterie et, conservant le contact avec elle, aurait accompagné et couvert la retraite de son aile droite, sans risquer de se laisser couper elle-même du gros des forces bleues.

A 3ʰ 15, le général de division apprit, par un rapport envoyé à 11ʰ 45 (!) que l'aile droite de la 41ᵉ division d'infanterie s'était mise en retraite de la ligne Golm—Kublank vers la ligne Woldegk—Ballin. L'ennemi, qui renvoyait à ce moment de l'infanterie et de l'artillerie sur Friedland, ne semblait pas vouloir dépasser Heinrichswalde avec le gros de ses forces. Le général reprit alors son mouvement vers le sud et conduisit la division à Rattey où elle arriva à 4^h 15. A 5^h 30, certain que la 41e division n'aurait plus ce jour-là besoin de son appui, il donna l'ordre de stationnement. Le régiment de cavalerie de la 3e division de la Garde avait fait connaître qu'il était à Mildenitz et que les troupes avancées de la division occupaient la ligne Scharfe Berg—Kick Busch, au sud de Woldegk.

Avant d'examiner le stationnement de la division et pour en terminer avec ses opérations du 11, disons un mot de l'emploi des mitrailleuses. En Allemagne, elles forment une véritable batterie de six pièces à la disposition du général de division, qui les emploie suivant le besoin, par sections ou groupées, sur les points où leur action peut être fructueuse, les rattachant momentanément à telle ou telle brigade ou les gardant sous ses ordres directs. Ce procédé nous paraît absolument logique. Les mitrailleuses, comme l'artillerie, doivent être un organe de division. En les affectant en permanence, par sections, aux brigades, on s'expose à les voir rester souvent inactives et, partant, inutiles. Une brigade en réserve n'en a que faire. Dans une attaque contre la cavalerie, au moment du déploiement, le général de brigade a bien autre chose en tête que de donner une mission à sa section de mitrailleuses; et dans le combat à pied même, il peut arriver que les mitrailleuses soient très mal placées sur la ligne de feu d'une brigade, alors qu'elles pourraient être employées fort utilement ailleurs. Le chef doit pouvoir en jouer à sa guise, selon la situation, comme il joue de ses régiments et de ses canons.

La division s'établit en cantonnements-bivouacs ainsi qu'il suit :

Quartier général : Strasburg.

Brigade de cuirassiers et mitrailleuses : *Schönhausen*, Schwarzensee, Schönburg, Marienfelde. Place d'alarme au Klei Berg (sud-est de Schönhausen).

Brigade de uhlans : Rosenthal, Hansfelde, *Gross-Luckow*. Place d'alarme à la lisière est de Schwarzensee.

Brigade de dragons, artillerie et pionniers : Wismar, Karlsfelde, Wilhelmslust, *Strasburg*. Place d'alarme près de Marienfelde.

La sûreté était assurée par la brigade de cuirassiers sur la ligne Georgenthal—Fuchs Berg—Stritz Berg—Gross-Daberkow, par la brigade de uhlans sur les routes de Neuensund et de Gehren.

La brigade de cuirassiers devait pousser sa découverte jusqu'à la ligne Rattey—Golm—Ulrichshof, en liaison avec l'escadron de découverte venu à Matzdorf.

Ce dernier, avec l'aide de l'infanterie et de l'artillerie qui se trouvaient à Schwichtenberg, avait repoussé l'attaque de trois escadrons ennemis; puis, comme l'infanterie se mettait en retraite, il s'était replié sur la division en laissant une patrouille au contact. Il se réunit à Klockow à l'escadron envoyé dans la matinée sur Schwichtenberg. Tous deux se heurtèrent au Neue Mühle, vers 3 heures, à des avant-postes d'infanterie rouge, mais parvinrent cependant à percer vers le sud. L'escadron de découverte resta à Matzdorf et reçut pour la nuit la mission d'éclairer, au nord de la ligne Rattey—Golm—Ulrichshof, vers le flanc gauche de l'ennemi, et de maintenir le contact avec lui.

Le détachement de signaux relia optiquement l'escadron de découverte avec Strasburg; il relia également le quartier général avec les états-majors des brigades à Schönhausen et Gross-Luckow.

A 8 heures du soir, arriva un rapport de l'officier de liaison avec la 41ᵉ division, faisant connaître qu'elle occupait Bredenfelde (quartier général), Krumbeck et Stolpe, avec avant-postes sur la ligne Rehberg—Quadenschönfeld—Möllenbeck. L'ennemi n'avait pas poursuivi au delà de la ligne Schönbeck—Rühlow—Pragsdorf—forêt de Rowa. Le détachement de signaux établit encore la liaison par fil, par Woldegk, avec Bredenfelde.

Les renseignements arrivés jusqu'à minuit présentaient la situation de l'ennemi comme étant la suivante :

Aile gauche (4ᵉ division) à Lübbersdorf et Kotelow avec avant-postes sur le Mühlbach. En liaison au sud-ouest, forces considérables à Hohenstein, Brohm, Cosa, Heinrichswalde et Jatzke, avec avant-postes sur la ligne Brohmer Berge—Friedberg—Schönbeck—Friedrichshof. Troupes du IXᵉ corps à Warlin,

Sponholz, Pragsdorf, avec avant-postes à Cölpin et au sud-ouest. (Ces renseignements sur le IXe corps, ainsi que nous l'avons déjà vu, ne pouvaient émaner d'éléments de découverte de la division.)

Dès le soir du 11, la division de cavalerie n'avait plus à rester en liaison avec la 41e division; elle devait démasquer le front de la 3e division de la Garde qui se portait en avant, et se tenir prête à agir le lendemain à l'aile droite de l'armée. Sa zone de cantonnements était donc bien choisie dans son ensemble.

Nous ignorons quelles ressources présentaient les villages compris dans cette zone. Mais puisqu'il s'agissait de cantonnements-bivouacs, il semble qu'elle eût dû, étant donnée la proximité de l'ennemi, être beaucoup moins étendue, surtout dans le sens du front qui mesurait 6 kilomètres.

Les postes de sûreté des cuirassiers, vers le nord, n'étaient guère qu'à 2 kilomètres du cantonnement le plus avancé, distance insuffisante pour que ces postes pussent être de quelque utilité.

Un télégramme du commandant de l'armée avait fait savoir, à 9 heures du soir, que le détachement de la 41e division à Ferdinandshof passait sous les ordres du général commandant la division de cavalerie. Ce détachement (bataillon III/54 et 1er escadron du 9e uhlans) arriva à Strasburg à minuit.

VI

OPÉRATIONS DE LA 18e BRIGADE DE CAVALERIE
LE 11 SEPTEMBRE

La 18e brigade avait atteint, à midi, les objectifs fixés par l'ordre du 10, Usadel et Blumenholz. La marche avait été longue, surtout pour les chevaux du 16e hussards déjà fortement éprouvés, paraît-il, par des manœuvres antérieures. On s'arrêta donc pour faire manger et boire et pour attendre les renseignements. Le général de brigade avait déjà appris, vers la fin de la marche, qu'en dehors de la présence d'un escadron ennemi à Neustrelitz, tout le pays était libre vers le sud, ainsi que vers l'est jusqu'à Cammin, Stargard et Bargensdorf. Un rapport signalait, par contre, sur la hauteur de Fünfeichen au sud de Neubrandenburg, un détachement ennemi de deux bataillons avec de l'artillerie, face au nord. A 1ʰ 15, la patrouille des grenadiers à cheval fit savoir que ce détachement marchait sur Bargensdorf. On apprit, en même temps, par la cavalerie de la 18ᵉ division venue jusqu'à Prillwitz, que le IXᵉ corps avait atteint Neubrandenburg et s'y arrêtait provisoirement.

Vers 1ʰ 45, après avoir envoyé l'ordre au 15ᵉ hussards de rejoindre la brigade à Cammin en passant par Neuhof, le général mit la colonne principale en marche sur Zachow—Ballwitz, dans l'idée de franchir d'abord la coupure au sud de Stargard sans être inquiété par l'ennemi. Arrivé à l'ouest de Ballwitz, il apprit, vers 2ʰ 50, qu'au moins 6 compagnies avec 2 batteries marchaient sur Holldorf; de la sortie est de Ballwitz il put constater, en effet, que l'ennemi occupait Holldorf et la hauteur du Kik Berg, au sud-est, d'où son artillerie ouvrait le feu un instant après. Le général fit occuper par l'avant-garde (16ᵉ hussards) la sortie est de Ballwitz et le bois au sud-est, fit répondre au feu de l'artillerie ennemie par la batterie postée au sud-est du village, et, s'appuyant sur cette position, se porta avec les autres fractions de la colonne vers le sud, dans la direction de Tiedtshof, avec l'intention de s'établir près de Cammin pour barrer le chemin à l'adversaire. Le 15ᵉ hussards, qui s'approchait, reçut l'ordre de pousser par Cammin sur Godenswege. A 3ʰ 45, le gros de la colonne principale occupait une position abritée à mi-chemin entre Tiedtshof et Cammin; le 15ᵉ hussards était à 800 mètres au sud de Godenswege; la batterie rejoignait la brigade.

Vers 4 heures, on sut par un officier envoyé en reconnaissance en automobile sur Neubrandenburg que, d'après les dires des habitants, un régiment d'infanterie et deux batteries s'étaient portés, à 2ʰ 30, vers le sud par Stargard. Au même moment, de l'artillerie était signalée en marche de Holldorf sur Godenswege et l'on voyait une colonne de 1 bataillon et 1 batterie sur la route Teschendorf—Gramelow.

Comme l'artillerie portée par l'ennemi sur Godenswege, et qui ne semblait avoir qu'un faible soutien d'infanterie, ouvrait le feu de la lisière sud du village, le général ordonna au 15e hussards de s'en emparer et à la batterie de soutenir cette attaque. Utilisant habilement le terrain, le commandant du régiment de hussards put prendre, par surprise, l'artillerie ennemie, de front et de flanc, sous le feu de trois escadrons pied à terre, et la mit hors de combat. C'étaient deux sections envoyées sur ce point par la batterie de Holldorf.

Le général de brigade s'abstint d'une attaque contre la position du Kik Berg, qui aurait, dans la réalité, coûté des pertes hors de proportion avec le résultat.

La découverte signala encore, entre 4 et 5 heures, une longue colonne en marche de Pragsdorf sur Dewitz et deux bataillons en train de faire la soupe à Gramelow. Le IXe corps ne poursuivait pas l'ennemi en retraite et le général de brigade, ne pouvant se risquer seul dans la région Teschendorf—Gramelow que l'ennemi semblait occuper en forces, résolut de faire reposer ses troupes.

La mission qu'il avait eu à remplir était assurément difficile. Il ne pouvait guère agir, pour retarder leur retraite, que contre les colonnes de gauche de la 41e division bleue qui se repliait sur un front très étendu. Encore fallait-il qu'il parvînt à l'est du Tollense See en temps utile, avant que l'ennemi abandonnât la ligne Neubrandenburg—Friedland, par conséquent au plus tard vers midi. Il ne semble pas qu'il ait fait pour cela le nécessaire. La brigade partit tard de ses cantonnements, et sa halte de deux heures au sud du Tollense See fut beaucoup trop longue; elle mit ensuite plus d'une heure à parcourir les 5 kilomètres qui séparent Usadel de Ballwitz et se laissa accrocher là par un détachement de flanc de minime importance. Le général paraît, en outre, avoir été bien tardivement renseigné sur ce qui se passait du côté de Neubrandenburg. S'il avait su seulement à 1 heure, à Usadel, que le gros de l'ennemi avait commencé sa retraite vers le sud à midi, il aurait parfaitement pu, en hâtant un peu sa marche, gagner à temps la région Teschendorf—Gramelow et y tenir tête à des forces très supérieures, en occupant les défilés peu nombreux qui traversent la coupure et la ligne des lacs au nord et à l'ouest de ces deux villages.

Toujours pour ménager ses chevaux en leur assurant un repos réparateur dans des cantonnements larges, et aussi sans doute pour mettre plus en sûreté sa brigade, le général la ramena, par une marche en retraite qui put atteindre, suivant les unités, de 8 à 17 kilomètres, dans la région située à l'ouest de la coupure du Nonnenbach et du Wanzkaer See. La zone des cantonnements, marquée par les localités de Rödlin, Carpin, Zinow, Weisdin, Hohenzieritz, Usadel, avait un front de plus de 10 kilomètres sur une profondeur sensiblement égale. L'état-major de la brigade était à Blumenholz. Nous verrons plus loin quelle fâcheuse influence exerça le choix de ces cantonnements sur les événements du 12.

L'escadron de découverte A, passant par Goldenbaum, avait atteint à 4h 30, au sud-ouest de Feldberg, Neuhof où il passa la nuit. Il avait constaté l'occupation des défilés entre les lacs, de Lichtenberg à Thomsdorf, et appris par les habitants que de grands bivouacs ennemis étaient au sud de Fürstenwerder.

L'escadron B, par Usadel, était arrivé à 11h 15 à Cammin, y avait fait une halte de deux heures, puis s'était porté dans la région Loitz—Quadenschönfeld—Bredenfelde. Il s'établit pour la nuit à Warbende. Il avait observé les points de stationnement de la 41e division et poussé ses patrouilles vers la ligne Lichtenberg—Fürstenwerder—Hildebrandshagen—Wolfshagen—Strasburg. Sa station légère de télégraphie sans fil n'avait pu fonctionner, mais la faible distance à laquelle il se trouvait en avant de la brigade rendit cet inconvénient peu sensible.

La brigade établit à Blankensee, sous la protection d'un faible détachement, un centre de transmission des renseignements relié par le télégraphe de cavalerie avec Usadel, d'où les rapports parvenaient à Blumenholz par motocycle.

Il résultait des rapports reçus avant la nuit qu'une division ennemie, qui tenait la ligne du Landgraben, s'était repliée et arrêtée sur la ligne Ballin—Loitz—Gramelow. On savait, en outre, que des forces ennemies peu importantes, venant du sud, étaient arrivées à Lichtenberg.

Dans la nuit, à 11h 15, l'escadron B fit connaître qu'entre 7 et 8 heures du soir la division ennemie s'était retirée dans la région Bredenfelde—Krumbeck—Möllenbeck. On apprit, de plus, au point du jour, par l'escadron A, que de faibles fractions d'infanterie venant du sud-est avaient occupé les défilés de Hildebrandshagen, Fürstenwerder, Lichtenberg, Feldberg, Karwitz, Thomsdorf, et qu'au sud-est de la ligne Hildebrandshagen—Fürstenwerder étaient des troupes paraissant atteindre la force d'une division (3e division de la Garde). Tous ces renseignements furent transmis par télégraphie sans fil au commandant de l'armée.

VII

SITUATION LE 11 AU SOIR

Ordres pour le 12

Parti bleu. — La situation, le 11 au soir, était la suivante :

Corps de la Garde. — De part et d'autre de Prenzlau, ligne avancée : Blindow—Wilhelmshof.

XXe corps. — 3e division de la Garde au sud-est de Woldegk, avant-gardes sur la ligne Mildenitz—Göhren; 41e division à Bredenfelde, Krumbeck, Cantnitz, Stolpe, avant-postes sur la ligne Möllenbeck—Rehberg.

Division de cavalerie à Strasburg et au nord.

On savait des forces ennemies considérables autour de Schönbeck—Heinrichswalde (IIe corps), à Rühlow, Pragsdorf et Bargensdorf (IXe corps) et à Usadel (cavalerie).

Le général en chef comptait que l'ennemi marcherait le 12 vers le sud, son aile gauche ayant comme direction Woldegk. Son projet consistait à lui opposer de front le XXe corps et à le tourner par sa gauche avec la Garde et la division de cavalerie.

L'ordre d'armée du 11, 9 heures du soir, prescrivit en conséquence :

A la Garde, d'atteindre à 8 heures du matin avec ses têtes de colonnes, par Niden et Bandelow, la ligne Werbelow—Trebenow—Karlstein, se concentrer à l'abri des vues et se mettre au repos.

Au XXe corps, de pousser les avant-gardes de la 3e division de la Garde à la route Carlslust—Mildnitz—Woldegk; rapprocher la 41e division, l'aile droite à Heinrichshagen; se replier en combattant, devant des forces ennemies supérieures, sur la ligne générale Kutzerower Heide—Fürstenwerder—Breiter Lucin See.

La division de cavalerie de la Garde devait « déterminer la situation du IIe corps ennemi et se tenir en liaison avec l'aile droite du XXe corps ».

Cet ordre ne parvint à la cavalerie qu'après minuit. Le général avait déjà prescrit pour 5 heures du matin le rassemblement des troupes sur leurs places d'alarme.

L'ordre de la division, daté du 12 septembre, 4^h 30 du matin, était ainsi conçu :

1. L'ennemi a atteint le 11 septembre avec le IIe corps, marchant en une colonne par Friedland, la région Schönbeck—Brohm et au nord; avec le IXe corps la ligne Rühlow—Pragsdorf et au nord.

2. L'armée attirera l'ennemi sur elle avec le XXe corps dont l'aile droite se repliera de Carlslust sur Kutzerower Heide et attaquera avec la Garde en partant de la ligne Werbelow—Karlstein.

3. La division de cavalerie de la Garde se dérobera par Wismar et Strasburg vers la ligne Ziegelei (à l'est de Louisfelde)—Güterberg et masquera la position du corps de la Garde.

4. La 1re brigade avec les mitrailleuses observera la marche du IIe corps (colonne d'aile gauche particulièrement importante à déterminer) et se repliera sans combat par Strasburg sur Jagowshof.

5. La 2e brigade se reliera à la 1re au Klei Berg au sud-est de Schönhausen et se repliera de concert avec elle par Wismar sur Ziegelei à l'est de Louisfelde. Elle éclairera sur la ligne Jatznick—Rothemühl—Gehren. Il s'agit de déterminer la situation et la direction de marche de l'ennemi poussé le 11 sur Ferdinandshof (environ 1 bataillon, 3 escadrons).

6. La 3e brigade avec l'artillerie à cheval se repliera en avant de la 1re brigade, avec laquelle elle se tiendra en liaison, par Strasburg sur Güterberg. Découverte sur Pasewalk—Jatznick. Liaison avec la 3e division de la Garde vers Carlslust—Mildenitz.

7. Le bataillon III/54 et le 1er escadron du 9e uhlans se porteront à 7 heures du matin, par Strasburg, aux environs de Marienhöh. Liaison à Güterberg avec la division et avec la 3e division de la Garde vers Carlslust—Mildenitz.

8. L'état-major de la division restera d'abord à Strasburg (place du Marché) et ira ensuite à Güterberg avec la 3e brigade.

L'ordre de l'armée était peu précis en ce qui concernait la division. « Déterminer la situation du IIe corps » ne comportait pas autre chose que l'emploi de patrouilles et de l'escadron de découverte de Matzdorf; quant à la liaison avec l'aile droite du XXe corps, un officier suffisait pour l'assurer. Mais quel rôle était réservé au gros de la division? L'ordre n'en disait rien.

Puisque le plan de combat consistait à attirer l'ennemi à la suite du XXe corps pour envelopper son aile gauche avec la Garde, autant que possible par surprise, la division ne devait aucunement chercher à retarder l'adversaire. Plus il s'avancerait vers le sud, plus l'attaque de flanc serait efficace. D'autre part, la liaison intime de la division avec le XXe corps ne pouvait être envisagée, car elle se serait ainsi placée entre ce corps et la Garde, tandis que son rôle, pour ainsi dire classique, l'appelait à appuyer l'aile extérieure de l'attaque de flanc. Il convenait aussi de dérober à l'ennemi, le plus longtemps possible, la position du corps de la Garde. Enfin la division devait éviter de se porter trop tôt vers l'est, dans la crainte d'attirer de ce côté des fractions de l'aile gauche ennemie. Pour tous ces motifs, l'ordre prescrivant la retraite vers le sud était judicieux. Mais il ne fut pas rédigé — l'heure de son envoi l'indique — sans de longues hésitations que le général de division, ainsi que le fait remarquer fort justement le colonel von Unger, se serait épargnées s'il avait envoyé à Prenzlau, dans l'automobile qui alla y chercher l'ordre de l'armée, un officier d'état-major qui eût pu recevoir les instructions verbales du général en chef ou de son chef d'état-major.

Parti rouge. — Le 11 au soir, la situation du parti rouge était la suivante :

IIe corps : 3e division dans le triangle Eichhorst—Brohm—Hohenstein, avant-postes du nord de Neu-Käbelich par Golm jusqu'à l'est de Cosa; 4e division à Friedland, Sandhage net Lübbersdorf.

IXe corps : 17e division à Pragsdorf, Rühlow, Warlin et Sponholz; 18e à Neubrandenburg et Küssow; avant-postes de Klein-Nemerow à Cölpin par le sud de Stargard et Marienhöh.

18e brigade de cavalerie au sud-ouest de la ligne Rödlin—Usadel.

On savait dans la soirée au quartier général, à Treptow, que les forces bleues qui défendaient la coupure du Landgraben s'étaient repliées vers le sud, et que les environs de Wittstock, Rheinsberg, Gransee, Zehdenick, ainsi que les routes de Neustrelitz à Fürstenberg et à Lychen, étaient libres. Le ballon dirigeable avait, en outre, reconnu la présence d'une division ennemie au bivouac près de Prenzlau et d'une forte cavalerie autour de Schönhausen.

Prévoyant le rassemblement de nouvelles forces ennemies à Prenzlau, le commandant en chef résolut de porter l'armée, le 12, vers le sud-est en dirigeant son aile droite sur Woldegk. Il prescrivit donc, à 10 heures du soir, dans son ordre d'armée pour le 12, la marche du IXe corps sur Woldegk, celle du IIe corps sur Strasburg; la 18e brigade de cavalerie devait se porter, en traversant la ligne des lacs au sud-ouest de Woldegk, sur Prenzlau, éclairer vers le sud jusqu'à Lychen et se relier au IXe corps.

Cet ordre parvint à la 18e brigade à 1[h] 45 du matin. Le général, dont l'intention était de se porter sur Warbende et de se maintenir sur le flanc gauche de l'ennemi signalé à Bredenfelde, avait, dès minuit 30, prescrit le rassemblement de la brigade près de la gare de Blankensee pour 7[h] 30 du matin. Il pensa que l'ordre de l'armée devait avoir été envoyé antérieurement à l'arrivée de son rapport de 11[h] 15 du soir, rendant compte de la présence d'une division ennemie à Bredenfelde, et ne changea rien à ses dispositions. Le IXe corps, en effet, ne pouvait marcher sur Woldegk en laissant ces forces ennemies sur son flanc droit et dirigerait vraisemblablement son aile gauche sur Ballin ou sur Gramelow. Il convenait donc avant tout de maintenir le contact avec la division ennemie; la brigade, à Warbende, serait en bonne situation pour agir en liaison avec le IXe corps et pour marcher ultérieurement, si besoin était, vers Prenzlau. Pour le moment, cette dernière direction était interceptée par l'adversaire, qui ne se reporterait probablement en avant que lorsque les forces de son parti signalées près de Fürstenwerder seraient arrivées à sa hauteur.

Mais les rapports parvenus dans la nuit au quartier général de l'armée avaient fait connaître la présence de la 41e division bleue à Bredenfelde, de la 3e division de la Garde à Fürstenwerder. Tout en conservant les directions de marche prescrites, il devenait important d'être renseigné de bonne heure sur les mouvements de l'ennemi reconnu à Bredenfelde et qui constituait une menace pour le flanc droit du IXe corps. Ordre fut donc envoyé à la 18e brigade de cavalerie d'avoir à s'interposer entre cet ennemi et la ligne de marche du IXe corps. Cet ordre, comme nous le verrons, transmis par la télégraphie sans fil, ne parvint au général de brigade qu'à 9 heures du matin.

VIII

OPÉRATIONS
DE LA DIVISION DE CAVALERIE DE LA GARDE
LE 12 SEPTEMBRE

La brigade de cuirassiers, rassemblée sur les pentes est du Klei Berg, apprit à 6ʰ 25 du matin la marche d'une forte colonne de toutes armes sur la route Heinrichswalde—Schönbeck—Golm, et, à 6ʰ 40, celle d'un régiment de cavalerie de Voigtsdorf sur Schönhausen. A 7 heures elle se mit en retraite sur Strasburg. Les autres brigades se lièrent à ce mouvement suivant les ordres donnés. A 8 heures, la brigade de uhlans était en position à l'est et près de Louisfelde, la brigade de cuirassiers et les mitrailleuses au nord et près de Jagowshof, la brigade de dragons et l'artillerie au nord de Güterberg. Un escadron de dragons tenait Köhnshof; un autre fut poussé à mi-chemin de Carolinenthal, qu'occupait le bataillon III/54. Le général de division se tenait sur le Pappel-Berg, au nord de Güterberg.

On savait à ce moment que l'aile droite de la 3e division de la Garde était à Mildenitz et Carlslust et qu'une division ennemie, environ, marchait de Cölpin sur Woldegk. A 8ʰ 25, un rapport confirma la marche par Voigtsdorf sur Strasburg d'une division d'infanterie rouge dont l'avant-garde avait atteint Schönhausen à 7ʰ 30. A partir de 8ʰ 15, l'approche de l'ennemi était visible du Pappel Berg. L'artillerie de la division, ayant une batterie sur cette hauteur et l'autre à l'ouest du chemin Güterberg—Strasburg, était couverte par les tirailleurs de la brigade de dragons déployés en avant d'elle. De 8ʰ 30 à 9ʰ 30, elle tira sur des objectifs d'infanterie et d'artillerie nettement visibles à 5.000 mètres, au point où la voie ferrée traverse le chemin Schönhausen—Strasburg. La division ennemie semblait ne pas dépasser Strasburg et pousser seulement au sud de faibles détachements.

Pendant qu'il se portait de Strasburg sur le Pappel Berg, le général de division avait reçu l'ordre suivant, daté de Prenzlau 7ʰ 10 du matin : « Ordre de la division pour aujourd'hui reçu. La division de cavalerie de la Garde *ne rétrogradera pas* mais restera au contact de l'ennemi avec *toutes* ses forces de manière à avoir sous les yeux, d'une façon durable, les mouvements du IIᵉ corps. » Mais la retraite était alors en pleine voie d'exécution, la marche d'une division sur Strasburg était certaine et l'on avait quelque raison de s'attendre à voir déboucher l'autre division du IIᵉ corps par Wismar. Il n'y avait donc ni motif, ni même possibilité de faire demi-tour pour se reporter au nord de Strasburg et opposer une première résistance à l'adversaire, dont la marche, bien que ne se faisant pas sur Woldegk, comme on l'avait tout d'abord supposé, avait cependant encore une direction qui préparait parfaitement l'action enveloppante de l'aile droite de la Garde.

Toutefois, l'ordre en question détermina le général de division à résister, sur les positions qu'il occupait, à l'attaque imminente de l'adversaire. Il continuerait ainsi à voiler les mouvements de la Garde, à l'aile droite de laquelle il aurait sans doute encore la possibilité de se porter lorsqu'il devrait démasquer son front. Il ne connaissait d'ailleurs, de la situation de la Garde, que ce que l'ordre de l'armée lui en avait appris : l'arrivée à 8 heures de ses têtes de colonnes sur la ligne Werbelow—Trebenow—Karlstein; il ignorait à quel moment elle se porterait en avant, n'avait aucune nouvelle de la 1re division et savait seulement, à 9h 15, que la 2e division, arrêtée au sud-est de Werbelow, marcherait probablement sur Strasburg.

On voit, par ce qui précède et par ce qui a été dit au chapitre précédent, dans quelles perplexités des directives insuffisantes peuvent jeter le chef d'une grande unité de cavalerie. Le commandant de l'armée ne peut évidemment pas le conduire par la main; mais il lui doit des indications précises sur la mission qu'il lui confie, sur le rôle qu'il lui destine dans la bataille et sur ses desseins personnels, afin que le chef de cavalerie soit en mesure, le cas échéant, d'agir de sa propre initiative dans le sens des projets du commandement. Ces directives doivent prévoir la conduite à tenir dans les éventualités les plus vraisemblables. Or, le commandant de l'armée bleue était manifestement parti de l'idée préconçue que le IIe corps rouge marcherait sur Woldegk; il n'avait pas envisagé la possibilité de son mouvement vers le sud-est; et si son intention était d'employer finalement la division de cavalerie à l'aile droite de la Garde, il n'en avait rien laissé paraître dans ses ordres. Le commandant de la cavalerie était abandonné à son inspiration.

Cette situation se modifia bientôt. A 10 heures arriva un ordre de l'armée, qui plaçait la division sous les ordres du commandant du corps de la Garde, et en même temps des instructions de ce dernier. Elles faisaient connaître que la Garde se mettrait en mouvement à 9h 45, 2e division de Werbelow par Wilsickow sur Gross-Luckow, 1re division de Karlstein par Lübbenow sur Güterberg. La division de cavalerie devait « se porter de Güterberg aux environs de Gross-Luckow et intervenir énergiquement dans un combat à prévoir à l'aile droite. »

Le général de division ne crut pas devoir exécuter immédiatement cet ordre. L'ennemi se déployait maintenant au sud de Strasburg; il paraissait difficile de faire exécuter à la division un mouvement de flanc, sous les yeux de cette attaque, pour la porter à la droite de la 2e division de la garde en passant devant son front. Passer derrière cette division, c'était faire un bien long détour et risquer peut-être de ne pas arriver à temps pour prendre part au combat. Enfin les hauteurs du Pappel Berg, qui commandent tout le pays jusqu'à Strasburg, étaient si importantes à conserver pour l'engagement ultérieur de la 1re division de la Garde, que le commandant de la division de cavalerie résolut de s'y maintenir jusqu'à l'arrivée des premières troupes de la Garde, qui pouvait se produire vers 11 heures, et même plus tôt si l'artillerie était poussée rapidement en avant. Il avisa de cette décision le commandant du corps d'armée et celui de la 1re division.

L'attaque ennemie progressait dans la direction de Güterberg et plus à l'ouest; son artillerie, de deux positions au sud de Strasburg, avait ouvert le feu vers 10 heures.

La brigade de dragons, retirant en arrière l'escadron de Köhnshof, avait déployé cinq escadrons en tirailleurs des deux côtés du chemin Güterberg—Strasburg; la brigade de cuirassiers en avait quatre de part et d'autre du chemin Jagowshof—Strasburg. Les mitrailleuses étaient en position au nord-ouest de Jagowshof. Devant la brigade de uhlans, à Louisfelde, la cavalerie ennemie avait fait demi-tour et aucune autre troupe ne paraissait.

Bientôt la brigade de dragons, dans le combat de laquelle les cuirassiers ne pouvaient que difficilement intervenir — conséquence d'un déploiement prématuré — fut attaquée par des forces très supérieures, et l'artillerie à cheval, soumise au feu de l'artillerie lourde ennemie, dut à 10h 45 se retirer. L'infanterie ennemie, gagnant du terrain vers Carolinenthal et Marienhöh, mettait en danger le bataillon III/54, et les troupes de la 1re division de la Garde ne se montraient pas. Il fallut, bien à regret — par décision d'arbitre — évacuer la position; on ne pouvait retraiter que vers le sud, et toutes les fractions de la division reçurent l'ordre de se diriger vers la hauteur 102 au nord de Fahrenholz. Au moment où la cavalerie abandonnait le Pappel Berg, un groupe d'artillerie et l'infanterie la plus avancée de la 1re division de la Garde y paraissaient. Mais l'intervention de ces troupes ne pouvait plus modifier la situation.

Au début, le front étendu sur lequel était disposée la division se justifiait par la nécessité d'interdire aux investigations de l'ennemi les lignes de marche de la garde, étant donné surtout qu'on n'avait pas l'intention de résister avec opiniâtreté. Grâce à la brigade de uhlans, la cavalerie ennemie ne put rien savoir de l'approche de la 2e division de la Garde jusqu'à son arrivée sur le champ de bataille. Mais lorsque le général se fut décidé à lutter à outrance au Pappel Berg, il aurait dû réunir, sur le point menacé, la plus grande partie de ses forces. La brigade de uhlans n'était plus nécessaire tout entière à Louisfelde; et la brigade de cuirassiers resta inutilisée sur un point contre lequel l'ennemi ne fit aucun effort. Ce fut probablement ce qui motiva la décision de l'arbitre. Pourtant, dit le colonel von Unger, puisque les troupes, « résolues à mourir sur la position », avaient tenu bon si longtemps, elles auraient bien, dans la réalité, pu résister encore pendant dix minutes; et le colonel ajoute, avec raison, que, sur le champ de bataille de Vionville, un arbitre n'eût pas manqué, dans l'après-midi, de dire à Alvensleben : « Maintenant, dépêchez-vous de partir enfin; vous devez pourtant avoir compris, depuis longtemps, que vous ne pouvez plus tenir ici ! »

Un combat s'était maintenant engagé, autour du Pappel Berg et du village, entre l'ennemi et les premières troupes de la 1re division de la Garde. Dans ce combat intervinrent, vers 11h 30, les tirailleurs de la brigade de dragons, les batteries, le bataillon d'infanterie venant de Carolinenthal, enfin les mitrailleuses. Ces troupes, occupant en échelon refusé la hauteur 102, en arrière de l'aile gauche de la Garde, firent échouer par leur feu un mouvement tournant tenté par l'ennemi contre cette aile par le sud de Güterberg et protégèrent ensuite la retraite, après une contre-attaque manquée, d'un régiment de la Garde. La brigade de uhlans arriva vers 11h 30, la brigade de cuirassiers, qui s'était d'abord repliée sur Lübbenow, à midi.

Vers 11h 55, le commandant de la division reçut un rapport, daté de 10h 15, faisant connaître la marche d'une division d'infanterie de Schönhausen sur Lauenhagen. Un escadron de uhlans fut envoyé pour établir la liaison avec le XXe corps et pour assurer la découverte et la sûreté en avant de l'aile gauche. Le

IIe corps ennemi semblait vouloir déployer sa 4e division à droite
de la 3e et ce mouvement constituait un sérieux danger pour
l'aile gauche de la Garde.

A 12^h 30, un ordre du commandant du corps de la Garde prescrivait à la division d'intervenir dans le combat à l'aile gauche
de la 1re division. Pour agir contre le flanc droit de l'ennemi à
l'ouest et au nord de Güterberg, il aurait fallu d'abord appuyer
vers l'ouest; les clôtures de la voie ferrée et l'occupation de Carolinenthal par l'infanterie adverse rendaient ce mouvement difficile. Les tirailleurs de deux escadrons de uhlans prolongèrent
donc seulement vers la gauche la ligne des dragons, engagée
dans un lent combat de feux à grande distance contre l'ennemi
qui lui faisait face.

Après un mouvement offensif dirigé vers la hauteur 106 contre
un régiment de cavalerie ennemie, les brigades de cuirassiers
et de uhlans, refoulées par le feu portant de Carolinenthal,
s'étaient repliées aux environs de Wüstekirche, derrière l'aile
gauche des dragons. La division ennemie signalée en marche
sur Lauenhagen se déployait à 1^h 30 au nord de Marienhöh,
son aile droite à Luisenburg. A 1^h 45 les batteries de la division
ouvrirent le feu contre ce nouvel adversaire.

Entre temps, la 1re division de la Garde avait dû abandonner
Güterberg, le Pappel Berg, et se replier sur Lübbenow. La présence de la division de cavalerie avait empêché l'ennemi de la
poursuivre; il fallait maintenant que la division conservât sa
position coûte que coûte, malgré le danger qui la menaçait sur
sa gauche, jusqu'à ce que l'intervention de la 2e division de la
Garde vînt changer la face des choses et permettre à la 1re division de faire tête et de reprendre l'offensive. La situation, l'ordre
du commandant du corps d'armée, tout en un mot imposait cette
solution. Le général de division en adopta une autre assez étrange.
Pour dégager la 1re division de la Garde, qui n'était nullement
en détresse, il crut devoir se porter vers l'est, puis attaquer dans
la direction du nord tout ce qu'il pourrait atteindre de l'ennemi.

Ce mouvement fut préparé vers 2 heures. Le bataillon d'infanterie reçut l'ordre de rallier la gauche de la 1re division de

la Garde et de se mettre aux ordres du général commandant cette division. Les fractions pied à terre remontèrent à cheval et les brigades furent rassemblées à la lisière nord-est de Fahrenholz. Dans l'ordre : dragons, uhlans, cuirassiers, la division se porta au trot vers l'est, abritée des vues du Pappel Berg. Arrivé à hauteur du bois au sud de Jagowshof, le général vit que l'ennemi n'avait pas dépassé le Pappel Berg, qu'il occupait ainsi que le terrain environnant Jagowshof. Il fit alors converser à gauche dans chaque brigade et prendre l'échelonnement d'attaque contre l'infanterie. La brigade de cuirassiers, qui se trouvait à l'aile gauche, partit la première le long de la lisière ouest du bois, ayant comme objectif la partie est du Pappel Berg ; les deux autres brigades, s'avançant en grande partie à travers le bois ou passant à l'est, s'engagèrent un peu plus tard. L'attaque eut lieu presque entièrement par surprise. La brigade de cuirassiers seule aurait eu, paraît-il, à souffrir d'un feu digne d'être mentionné. Les charges pénétrèrent profondément dans la position et furent considérées comme ayant écrasé toute une brigade d'infanterie et pris une partie de l'artillerie du Pappel Berg. Par une heureuse coïncidence, cette attaque se produisit en même temps que la marche victorieuse de la 2e division de la Garde de Wilsickow sur Strasburg. La 3e division rouge, efficacement battue par le feu de l'artillerie à cheval et des mitrailleuses qui s'étaient portées en toute hâte sur le Pappel Berg, se retira sur Strasburg, et la 1re division de la Garde put faire face en tête et se reporter en avant.

Après ces charges, la division s'était rassemblée, vers 3 heures, près de Jagowshof. Là, elle reçut l'ordre d'appuyer l'aile gauche du corps de la Garde dans son mouvement en avant sur Strasburg. Le général voulait atteindre de nouveau le terrain situé au nord de Fahrenholz, mais l'ennemi occupant déjà ce village, la division s'arrêta près de la hauteur 94.

A 4ʰ 10, le général commandant l'armée fit savoir que l'aile gauche ennemie s'était retirée dans la direction générale Lauenhagen—Gross-Daberkow. La Garde devait poursuivre jusqu'à la ligne Strasburg—Amalienhof et s'établir au repos derrière cette ligne. La division de cavalerie se placerait sur l'aile extérieure

et irait s'installer dans l'espace compris entre la route Strasburg
—Rothemühl et la ligne Strasburg—Neuhof—Papendorf.

L'ennemi s'étant retiré de Fahrenholz sur Amalienhofer Heide
et Hornshagen, l'ordre de stationnement fut donné à 5ʰ 5. Vers
7 heures du soir, la division était en cantonnements-bivouacs
sur les points suivants :

Quartier général : Blumenhagen.

Cuirassiers, artillerie et pionniers : Stolzenburg, Dargitz,
Sandkrug, Schönwalde, Blumenhagen.

Uhlans et mitrailleuses : *Gross-Luckow*, Hansfelde, Wismar.

Dragons : *Klein-Luckow*, Gross et Klein-Spiegelberg, Ham-
melstall.

La liaison télégraphique était établie entre le quartier général
et les états-majors des brigades à Gross et Klein-Luckow, ainsi
qu'avec l'état-major de la 2ᵉ division de la Garde à Wilsickow.

La sûreté était assurée par la brigade de uhlans sur la ligne
Kleppelshagen—Schwarzensee—Strasburg (exclusivement); découverte jusqu'à la ligne Matzdorf—Voigtsdorf—Lauenhagen.

La découverte éloignée, que le commandant du corps avait
prescrit de pousser jusqu'aux passages de la Datze, fut fournie
par la brigade de cuirassiers entre les lignes Matzdorf—Lübbersdorf—Friedland et Lindow—Jatzke—Genzkow, par la brigade
de dragons de la ligne précédente jusqu'à la ligne Holzendorf—
Kublank—Glienke.

Dans le courant de la journée, l'escadron de découverte, de
Fuchsberg, Wilhelmslust et Glödenhof, avait observé la marche
du IIᵉ corps et plus tard son mouvement de retraite. Il resta
le soir à Schönburg et se lia de là à la division. Si le maintien
de cet escadron en avant était encore admissible dans la journée
du 12, bien qu'il n'eût plus à remplir ce jour-là que le rôle
d'une forte patrouille, on ne peut comprendre qu'il n'ait pas été
rappelé à son régiment dans la soirée. Stationné à très courte
distance en avant de la ligne d'avant-postes, il ne pouvait plus
que faire, sans aucune utilité, double emploi avec la découverte
rapprochée. Ce fut probablement là la raison pour laquelle,
ainsi que nous le verrons par la suite, le contact fut perdu avec
l'ennemi après sa retraite.

IX

OPÉRATIONS DE LA 18ᵉ BRIGADE DE CAVALERIE LE 12 SEPTEMBRE

A 7ʰ 30 du matin, la brigade, ayant à l'avant-garde le 15ᵉ hussards et les mitrailleuses, était sur le chemin Rödlin—Warbende, sa tête au sud de la gare de Blankensee. On savait que le IXᵉ corps s'était mis en marche à 5 heures de Cölpin sur Woldegk, avec un détachement de flanc de Dewitz sur Plath—Hinrichshagen. Les rapports de la découverte signalaient de faibles détachements ennemis au Winter Berg (sud-est de Möllenbeck), à Stolpe et à Quadenschönfeld, ainsi que la concentration à Bredenfelde de troupes venant de Cantnitz et de Krumbeck. Un officier d'ordonnance fut envoyé au IXᵉ corps pour transmettre ces nouvelles et établir la liaison.

A 7ʰ 45 la brigade se mit en marche sur Warbende; elle atteignit une heure plus tard la lisière ouest de Gramelow. On savait l'ennemi en marche de Bredenfelde sur Ballin et l'on pouvait, sur ce dernier point, observer de l'artillerie et un état-major de division.

La situation réelle était à ce moment la suivante :

La flanc garde du IXᵉ corps (1 régiment, 1 demi-escadron, 1 batterie), arrivée à Plath à 7ʰ 15, avait fait face au sud-ouest et occupé les hauteurs à l'ouest de Plath jusque vers Leppin, pour s'opposer au mouvement de la 41ᵉ division bleue qui menaçait le flanc droit du corps d'armée en partant de Ballin.

Dans la 41ᵉ division bleue, la 74ᵉ brigade, rassemblée près de Ballin, devait attaquer Plath, pendant que la 81ᵉ brigade, poussée par l'ouest du bois de Ballin sur Rosenhagen, envelopperait l'aile droite de l'ennemi en attaquant dans la direction de Leppin. Cette dernière brigade atteignait les environs du Gross-Wichen Berg, sur lequel était établi un groupe d'artillerie de la division, protégé par un bataillon et par la compagnie de pionniers, qui occupaient Loitz; l'autre groupe était près de Ballin.

Le général commandant la 18ᵉ brigade de cavalerie, voyant des troupes ennemies à Loitz et au nord, fit prendre à sa brigade une position défilée à l'ouest de Gramelow, plaça sa batterie au sud du village et lui fit ouvrir le feu. Contrebattue par une artillerie supérieure, la batterie dut bientôt se retirer.

A ce moment — il était 9 heures — arriva le nouvel ordre du commandant de l'armée dont nous avons précédemment parlé. Pour l'exécuter, il fallait marcher sur Plath, ou tout au moins sur Leppin; car le corps d'armée, parti à 5 heures de Cölpin, devait depuis longtemps, si rien ne l'avait retardé, avoir commencé à s'engager devant Woldegk. Or l'ennemi était à Loitz; de plus — suivant le colonel von Unger — le terrain à l'ouest de la route Gramelow—Teschendorf ne permettait pas à la brigade de se porter sur Rosenhagen sans être vue, et les prairies longeant les lacs étaient impraticables à cause des clôtures. Le général dut amèrement regretter alors d'avoir perdu la liaison immédiate avec son armée en cantonnant sa brigade si loin en arrière, et de n'avoir pas marché plus vite en partant de Blankensee.

Vers 9ʰ 45, la batterie, poussée sur la hauteur 115 à l'est de Gramelow, put tirer sur l'artillerie ennemie qui amenait les avant-trains pour quitter le Gross-Wichen Berg, et sur de petits groupes d'infanterie qui se dirigeaient vers Ballin. Les patrouilles faisaient bientôt connaître les progrès de l'ennemi sur Plath et Leppin; on entendait maintenant le bruit du combat. A 10ʰ 15, le général mit la brigade en marche sur Leppin par Teschendorf. L'officier de liaison avec le IXᵉ corps revint sur ces entrefaites, apportant la nouvelle que la flanc-garde était attaquée à Plath et vivement pressée par des forces considérables. Vers 10ʰ 45, non loin de Rosenhagen, la brigade tomba par surprise sous le feu, à 1.500 mètres, de quelques compagnies et escadrons pied à terre, placés au nord-ouest de Ballin. L'arbitre évalua les pertes à 25 %. Cette cavalerie, en marche dans un terrain dangereux, ne s'éclairait évidemment pas et s'avançait à l'aveuglette. Cette sévère leçon ne porta d'ailleurs pas ses fruits, car une nouvelle surprise par le feu se produisit un quart d'heure plus tard, au moment où le régiment d'avant-garde sortait du bois de Rauhe-Berge. L'infanterie bleue, placée cette fois près de Leppin, se retira dans la direction de Plath, et la brigade put enfin, à 11ʰ 45, se rassembler à couvert, face au sud, à l'abri de la hauteur située au nord-ouest de Leppin (cote 106).

Pendant ce temps, la 41ᵉ division avait donné l'assaut contre la ligne Plath—Leppin et complètement refoulé la flanc-garde, qu'elle poursuivait sur Canzow et Petersdorf. Le bataillon de Loitz, auquel s'était joint le régiment de cavalerie divisionnaire, avait couvert sur son flanc gauche l'attaque de la 81ᵉ brigade et ménagé à la 18ᵉ brigade de cavalerie les surprises dont il vient d'être parlé.

Vers 12ʰ 15, la batterie de la brigade, de la hauteur 106, put tirer sur une colonne de un ou deux bataillons marchant près de Plath dans la direction de l'est.

A 12ʰ 40, une communication du commandant du IXᵉ corps, datée de 11ʰ 50, fit connaître que la flanc-garde avait été forcée de se replier sur Alt-Käbelich et que le gros de la 18ᵉ division, partant de Canzow, marchait à l'attaque contre le flanc droit de l'ennemi. La brigade était invitée à coopérer à cette action.

Le général se porta aussitôt, par le chemin de terre, de Leppin sur Alt-Käbelich, afin de se mettre en liaison avec la flanc-garde battue et de soutenir la contre-attaque projetée. A 1 heure, la brigade était déployée, face au sud, à l'abri de la hauteur 92 au nord-ouest d'Alt-Käbelich; la flanc-garde, qui avait fait face en tête, avait son aile droite au sud du village.

Dans la 41ᵉ division bleue, 4 bataillons de la 81ᵉ brigade avaient pris la direction de Canzow pour soutenir la 74ᵉ brigade; 2 bataillons seulement, s'avançant par Cronsberg et au sud, attaquaient vers Alt-Käbelich.

A 1ʰ 5, la batterie ouvrit le feu sur ces deux bataillons; le 16ᵉ hussards resta comme soutien auprès d'elle; les deux autres régiments, avec les mitrailleuses, traversèrent Alt-Käbelich et allèrent se placer derrière la hauteur située à 500 mètres au sud-ouest du village, près de la grande route de Leppin.

Le régiment de grenadiers, arrivant en tête à 1ʰ 45, occupa la hauteur avec ses tirailleurs et ouvrit le feu, de concert avec les mitrailleuses, à environ 800 ou 1.000 mètres, sur l'infanterie ennemie parvenue dans les prairies au sud-est de Cronsberg. Il fallait agir vigoureusement et vite si l'on voulait empêcher l'adversaire d'arriver à distance d'assaut de la position tenue par les débris de la flanc-garde. Le général le comprit et lança ses troupes à l'attaque à mesure qu'elles arrivaient : le 1ᵉʳ escadron des grenadiers, encore à cheval, chargea d'abord; il fut suivi du 15ᵉ hussards, puis des autres escadrons des grenadiers qui étaient remontés à cheval, enfin du 16ᵉ hussards appelé sur la hauteur avec la batterie. Ces charges, menées en profondeur par échelons successifs, eurent un plein succès et les bataillons ennemis durent se replier dans la direction d'Oltschlott pour chercher à rejoindre la 41ᵉ division bleue. Celle-ci, après avoir repoussé victorieusement la 18ᵉ division rouge, marchait maintenant vers le Gänse Berg (2.500 mètres sud-ouest de Woldegk) pour agir sur les derrières de la 17ᵉ division, engagée dans un violent combat contre la 3ᵉ division de la Garde à l'ouest de la ligne Wolfshagen—Hildebrandshagen.

En raison des pertes qu'elle avait subies depuis le matin, la brigade ne fut autorisée à poursuivre l'adversaire que par le feu de sa batterie; elle fut rassemblée vers 2 heures à l'ouest d'Alt-Käbelich.

En résumé, jusqu'au moment où elle put rejoindre la flanc-garde, l'action de la brigade avait été insignifiante, et son incurie lui avait fait subir deux surprises par le feu dont la première seule l'aurait probablement rendue, dans la réalité, incapable de rendre aucun service pendant le reste de la journée. Abstraction faite de la faute initiale que constituait le choix des cantonnements du 11, le général de brigade avait été incomplètement et tardivement renseigné par sa découverte. Le mouvement enveloppant de l'aile gauche de la 41ᵉ division sur Leppin lui avait complètement échappé et il s'était laissé immobiliser pendant plus d'une heure par le détachement de Loitz dont il n'avait même pu apprécier la force. A supposer qu'il fût réellement impossible de marcher sur Teschendorf—Rosenhagen—

Leppin en présence de ce détachement, il était bien trop tard à 10ʰ 15, lorsque l'ennemi abandonna le Gross-Wichen-Berg, pour tenter ce mouvement. Il eût bien mieux valu alors entraver l'attaque de la 41ᵉ division en agissant vigoureusement sur ses derrières. On eût ainsi grandement soulagé la flanc-garde, qui fut refoulée pendant que la brigade de cavalerie, incapable d'intervenir, allait se faire inutilement fusiller à Rosenhagen et à Leppin.

Vers 4ʰ 30, apprenant que le gros de l'ennemi était en retraite sur Fürstenwerder—Wolfshagen et que le IXᵉ corps, arrêtant sa marche, s'établirait au nord de la ligne Petersdorf—Woldegk—Mildenitz, le général de brigade donna l'ordre de stationnement. Les cantonnements suivants furent occupés :

État-major : Dewitz.

15ᵉ hussards : Ballin, Loitz, Gramelow, Teschendorf.

Grenadiers et mitrailleuses : Plath, Leppin, Dewitz, Rosenhagen.

16ᵉ hussards et batterie : Alt et Neu-Käbelich, Neetzka, Katzenhagen.

La découverte devait être fournie, par la ligne des lacs, jusqu'à Kraatz—Schlepkow par les grenadiers, jusqu'à Schlepkow—Lemmersdorf par le 16ᵉ hussards. Les rapports devaient être envoyés à Rehberg, qui fut relié par fil avec Dewitz

A 6ʰ 20 du soir arriva à Dewitz un ordre du commandant de l'armée qui prescrivait aux corps d'armée de s'établir sur la ligne Liepen—Kublank—Badresch—Schönhausen, et à la brigade de cavalerie de se retirer aux environs de Pragsdorf. Le général de brigade, en raison du trouble qu'entraînerait un changement de cantonnements et considérant, d'après les renseignements reçus sur l'ennemi, que la brigade n'était point en danger, crut devoir s'abstenir, dans l'intérêt de la troupe, d'exécuter cet ordre. La zone des très larges cantonnements qu'il avait adoptés, présentant un front de plus de 7 kilomètres, répondait peu à la situation tactique, tant par sa situation loin de l'armée et par son étendue exagérée que parce qu'elle n'était couverte du côté de l'ennemi par aucun obstacle naturel.

L'escadron de découverte A s'était porté dans la journée de

Neuhof sur Schlicht, où il passa la nuit. Ses patrouilles avaient observé en partie les mouvements de la 41ᵉ division sur ses derrières, en partie ceux de la 3ᵉ division de la Garde.

L'escadron B avait également observé sur ses derrières la 41ᵉ division et s'était ensuite porté, par Bredenfelde et Krumbeck, vers Neugarten où il continua d'observer sur le flanc. Il s'établit pour la nuit en cantonnement d'alerte à Krumbeck. Étant donné le contact presque immédiat que la brigade avait avec l'ennemi, cet escadron eût pu, sans inconvénient, rejoindre son régiment et être remplacé dans la journée du 12 par de simples patrouilles.

Les rapports parvenus dans la soirée et dans la nuit firent connaître que les forces principales de l'aile gauche ennemie s'étaient retirées entre Göhren et Woldegk, et qu'on observait des retranchements sur les hauteurs entre Hinrichshagen et Canzow, ainsi que de grands bivouacs près de Hornshagen, Wolfshagen, Schlepkow et Damerow.

De la cavalerie ennemie étant arrivée à Rehberg, le centre de transmission des renseignements fut retiré à Ballin.

<h1 style="text-align:center">X</h1>

<h2 style="text-align:center">SITUATION LE 12 AU SOIR</h2>

Ordres pour le 13

Parti bleu. — Le 12 au soir, le corps de la Garde était cantonné dans la zone Strasburg—Güterberg—Lemmersdorf—Kutzerow—Trebenow—Wilsickow, avec avant-postes sur la ligne Wilhelmslust—Karlsfelde—Hornshagen; la division de cavalerie était autour de Blumenhagen, à l'aile droite.

Dans le XXᵉ corps, la 3ᵉ division de la Garde, qui avait soutenu dans la journée une lutte opiniâtre contre la 17ᵉ division rouge, était établie sur la ligne Amalienhof—Wolfshagen—Hildebrandshagen—Fürstenwerder—Wrechen et au sud-est, ayant ses

avant-postes sur la ligne Mildenitz—Scharfe Berg—Kick Busch;
la 41e division était à Göhren et Hinrichshagen, ses avant-postes
du Kick Busch par la cote 123 et Oltschlott jusqu'à l'ouest de
Rehberg.

Les renseignements sur l'ennemi, parvenus jusqu'à 9 heures
du soir, étaient rares et incertains. On savait d'une façon générale qu'il avait battu en retraite après la bataille vers la ligne
Lauenhagen—Gross-Daberkow—Helpt, qu'une colonne avait
marché de Rattey sur Schönbeck et que le pays était libre à
l'est de la ligne Rattey—Lauenhagen. L'adversaire pouvait
résister le 13 derrière la coupure Schönbeck—Golm—Neetzka—
Cölpin; mais le commandant de l'armée bleue pensait qu'il ne
laisserait plutôt sur cette ligne que des arrière-gardes et cher-
cherait à reporter sa ligne principale de résistance derrière la
Datze. Il conçut le projet de l'en empêcher par une attaque vigou-
reuse, de le tourner par sa droite en profitant de la situation en
pointe de la 41e division, et de lui infliger une défaite complète
en le rejetant vers le nord-est sur le Landgraben dont les passages seraient détruits. Il ordonna, en conséquence, à 9h 20 du
soir :

A la garde de marcher sur Golm et Kublank par Kreckow et
Helpt;

Au XXe corps de se porter sur Cölpin et Dewitz par Woldegk
et Hinrichshagen;

A la division de cavalerie de marcher vers la ligne Brohm—
Golm et de détruire les ponts du Landgraben.

A minuit 10, le général commandant la division de cavalerie
donna à Blumenhagen l'ordre suivant pour le 13 :

1. L'aile gauche ennemie s'est repliée sur Rattey—Schönbeck.
2. L'armée poursuivra le 13 sur tout le front.
3. La division se portera en avant à l'aile droite de l'armée vers
la ligne Brohm—Golm.

Répartition des troupes. — Colonne de droite (général-major von
Boddien) : 3e brigade.

Colonne de gauche : Avant-garde (général-major baron von Rich-
thofen) : 3e uhlans de la Garde, mitrailleuses, détachement de signaux.

Gros (ordre de marche) : Régiment combiné, groupe à cheval, 1re brigade, détachement de pionniers.

4. La colonne de droite, avant-garde rompant à 5 heures du matin de Rosenthal, marchera par Kleppelshagen—Gehren—Friedrichshof sur Brohm; la découverte rapprochée franchira, à 6 heures, la ligne Galenbeck—Matzdorf (exclusivement).

5. La colonne de gauche, avant-garde rompant à 5 heures de l'embranchement de la route Strasburg—Rothemühl avec le chemin Wismar—Schwarzensee, marchera par Schwarzensee—Schönhausen—Matzdorf sur Rattey; la découverte rapprochée franchira, à 6 heures, la ligne Matzdorf (inclus)—Voigtsdorf.

Le gros de la colonne de gauche suivra, à 5 heures, de la sortie ouest de Wismar, à 1 kilomètre de distance.

6. Découverte éloignée : Par la 1re brigade dans la zone entre la ligne Galenbecker See—Schwichtenberg et la ligne Lindow—Jatzke—Genzkow incluse, jusqu'à Schwichtenberg—Sandhagen—Friedland—Genzkow; par la 3e brigade entre la ligne Lindow—Jatzke—Genzkow excluse et la ligne Holzendorf—Kublank—Warlin, jusqu'à la Datze; par la 2e brigade sur Ferdinandshof.

7. Train régimentaire, etc.

8. Je serai à 5 heures à l'avant-garde de la colonne de gauche.

On s'explique difficilement quelles raisons pouvaient motiver ce crochet vers le nord et surtout la marche de la division en deux colonnes séparées par plus de 4 kilomètres de pays difficile et très boisé.

La colonne de gauche, marchant sur Matzdorf, s'écartait de plus en plus, et jusqu'à une distance de 6 kilomètres, de la ligne de marche Kreckow—Golm assignée à l'aile droite du corps de la Garde, avec laquelle elle perdait ainsi toute liaison immédiate.

On savait de plus — ou l'on croyait savoir — que l'aile gauche extrême de l'ennemi s'était retirée de Rattey sur Schönbeck. A supposer que l'adversaire, se reportant en avant, voulût tenter une action — d'ailleurs bien excentrique — par Galenbeck et Gehren contre l'aile droite de la Garde, un simple détachement de flanc d'un escadron au plus, ou même une forte patrouille, suffisait largement sur l'itinéraire assigné à la colonne de droite, itinéraire que devaient d'ailleurs suivre, jusqu'à Galenbeck, les patrouilles de droite de la découverte éloignée et de la découverte rapprochée.

La ligne importante à tenir était la ligne Schönhausen—Rattey, et il semble que ce fût celle qu'aurait dû suivre le gros de la division réunie.

Parti rouge. — Le commandant de l'armée rouge considérait avec raison que sa mission consistait toujours à empêcher l'armée bleue de marcher vers l'Elbe pour participer à la bataille décisive. Les échecs partiels qu'il avait subis le 12 sur ses deux ailes l'avaient obligé à un mouvement de retraite; mais comme l'ennemi n'avait pas poursuivi au delà de la route Strasburg—Woldegk, il ne songeait nullement à aller chercher une position de résistance à l'ouest du Mühlbeck, et encore moins, à plus forte raison, de l'autre côté de la Datze.

Le IIe corps s'établit donc dans la zone Helpt—Gross et Klein-Daberkow—Badresch, avec avant-postes de Pasenow par Carlslust jusqu'à Lauenhagen. Le IXe corps vint occuper la zone Liepen—Kublank—Schönbeck—Jatzke, en échelon derrière la droite du IIe corps. La 18e brigade, très en l'air, occupait autour de Leppin la large zone de cantonnements indiquée au chapitre IX.

L'ordre de l'armée pour le 13, donné à 11h 15 du soir à Friedland, disposait brièvement que la résistance serait continuée par le IIe corps sur la ligne occupée et que le IXe corps se tiendrait prêt à la contre-attaque. Cet ordre ne contenait aucune instruction particulière pour la brigade de cavalerie à laquelle il ne parvint que le 13 à 5h 30 du matin. L'exécution de travaux de campagne à l'aile gauche bleue semblait indiquer, pour le 13, des intentions défensives de la part de l'ennemi. Le général de brigade, comptant sur l'offensive de son armée et sur un mouvement enveloppant contre l'aile gauche bleue, avait résolu de s'établir en échelon avancé par rapport à l'aile droite rouge enveloppante. Il prescrivit donc, à 3 heures du matin, le rassemblement de la brigade pour 5h 30, l'avant-garde à Ballin, le gros à Rosenhagen.

XI

OPÉRATIONS
DE LA DIVISION DE CAVALERIE DE LA GARDE
LE 13 SEPTEMBRE

Les renseignements reçus après minuit à Blumenhagen avaient fait enfin connaître que l'ennemi n'avait nullement retiré son aile gauche vers le nord-ouest par Rattey et qu'il avait encore des forces considérables à Gross-Daberkow, Kreckow, Klein-Daberkow, Gross-Miltzow et Helpt. L'hypothèse du commandant de l'armée était absolument erronée.

Cette erreur est vraiment inexplicable. On peut supposer que les avant-postes du corps de la Garde et ceux du II⁰ corps n'ont pas été réellement placés, car s'ils l'avaient été ils se seraient trouvés nez à nez, à moins de 2 kilomètres de distance, et n'auraient pu s'ignorer. Mais qu'avait donc fait la découverte? Comment les patrouilles de la division, qui avaient dû, toute la journée, rayonner autour de Fahrenholz, comment celles de l'escadron de découverte, qui avaient suivi pas à pas les mouvements du II⁰ corps rouge, avaient-elles pu perdre le contact? Le mouvement de la division vers l'aile droite à la fin de la journée avait pu apporter une interruption dans l'exploration, car la nouvelle découverte éloignée ne pouvait être lancée qu'après l'occupation des cantonnements, c'est-à-dire après 7 heures du soir. Mais les patrouilles qui avaient le contact n'auraient pas dû le perdre, particulièrement celles de l'escadron de découverte qui s'était arrêté pour la nuit à Schönburg, à 1.500 mètres de Lauenhagen, occupé par les avant-postes de l'ennemi, et à 4 kilomètres à peine de ses cantonnements les plus avancés. En admettant que cet escadron eût perdu la liaison avec le quartier général de la division, au moins pouvait-il renseigner directement la Garde, dont les avant-postes étaient à 1 kilomètre de lui à Karlsfelde. Quant à la cavalerie divisionnaire, qui avait bien dû pourtant pratiquer dans la journée l'exploration du champ de bataille, elle n'avait songé sans doute, après la retraite de l'adversaire, qu'à gagner ses cantonnements. En campagne, des négligences de ce genre pourraient coûter cher !

Quoi qu'il en soit, le commandant de la division de cavalerie, en présence de cette modification dans la situation connue de l'ennemi, craignit de donner dans le vide en suivant les directions fixées par son ordre et le modifia en prescrivant que la colonne de droite marcherait de Gehren sur Matzdorf et que celle de gauche ne s'avancerait d'abord que jusqu'à Schönhausen.

A 5ʰ 30 du matin, l'avant-garde de la colonne de gauche (3ᵉ uhlans et mitrailleuses) traversait Schwarzensee, lorsqu'on apprit que le Klei Berg était tenu par deux escadrons pied à terre et par une batterie, qui, au même instant, ouvraient le feu sur l'escadron de tête des uhlans. Le général de division mit aussitôt le groupe à cheval et les mitrailleuses en batterie sur les hauteurs au nord-ouest de Schwarzensee et ordonna à la brigade de uhlans d'attaquer à cheval le Klei Berg, à la brigade de cuirassiers d'appuyer cette attaque par le feu.

La brigade de cuirassiers se porta à l'est de la hauteur 118, laissa sur ce point deux escadrons en soutien de l'artillerie et fit occuper la lisière du bois à l'ouest de la cote 118 par les tirailleurs des autres escadrons, qui ouvrirent un feu vif de flanc sur les troupes ennemies du Klei Berg. Pendant ce temps la brigade de uhlans, se formant à couvert à l'ouest de Schwarzensee, attaquait sur deux lignes formées sur un rang et suivies, en arrière des ailes et du centre, par des escadrons en ordre compact. Les uhlans prirent la batterie ennemie et refoulèrent sur Adolphseck les trois escadrons qui la soutenaient. A 6 heures, le groupe à cheval et les mitrailleuses furent amenés sur le Klei Berg, la brigade de cuirassiers sur son versant est. Ordre avait été envoyé à la colonne de droite, à Matzdorf, de se rapprocher de la division.

En arrivant au Klei Berg, le général de division reconnut qu'il avait devant lui des forces très importantes. Il prescrivit aussitôt les dispositions suivantes : artillerie à l'angle nord-ouest du Klei Berg; uhlans : 2 escadrons à pied face à Voigtsdorf, en avant et à gauche de l'artillerie, 2 escadrons à la lisière nord-ouest de Schönhausen, le reste de la brigade derrière la gauche de l'artillerie; cuirassiers et mitrailleuses sur les hauteurs à l'est du lac de Schönhausen; liaison optique du Klei Berg avec le commandant du corps à Strasburg, de là avec le commandant de l'armée à Wolfshagen.

A 6 heures, les premiers rapports faisaient connaître la marche d'une division d'infanterie, environ, de Klein-Daberkow sur Voigtsdorf et la présence au nord de Voigtsdorf d'une nombreuse artillerie en position d'attente. Cette nouvelle fut transmise au corps de la Garde. La 2e division de la Garde s'était déployée sur la ligne Lauenhagen—angle nord-ouest de Daberkower Heide, en face de l'ennemi en position sur le Stritzberg et les hauteurs est de Kreckow. Devant la menace d'une attaque sur son flanc droit partant de Voigtsdorf, la 2e division porta ses forces principales sur la ligne Marienfelde—Lauenhagen.

Vers 7ʰ 30, l'infanterie ennemie se mit en mouvement de Voigtsdorf sur Schönhausen et vers le sud-est. Le groupe à cheval, soutenu par un groupe de la 2e division de la Garde, en batterie près de Marienfelde, ouvrit le feu contre cette infanterie ainsi que sur de l'artillerie qui venait prendre position au sud de Voigtsdorf, et leur causa de fortes pertes. Ces troupes, appartenant à la 3e division, avaient pris le groupe à cheval placé sur le Klei Berg pour la batterie à cheval envoyée, dès le matin, vers Schönhausen avec la cavalerie divisionnaire. On ignorait, au parti rouge, que ce détachement avait été refoulé et l'on croyait la division de cavalerie bleue à Matzdorf. Les liaisons et le service de découverte immédiate étaient fort mal assurés.

Pour renforcer sa ligne de défense, le général de division porta la brigade de cuirassiers et les mitrailleuses sur les hauteurs au nord de Schönhausen, qu'occupèrent, peu après 8 heures, les tirailleurs de 5 escadrons; en outre, 3 escadrons du régiment de uhlans resté en réserve à cheval furent disposés comme soutiens à pied, 1 derrière l'aile droite, 2 derrière l'aile gauche de la division. La brigade de dragons détachée sur la droite, qui s'était portée vers 6ʰ 30 de Matzdorf vers Fuchs Berg, fut avisée d'avoir à intervenir suivant sa propre inspiration dans le combat imminent.

A 8ʰ 30, l'attaque de la 3ᵉ division rouge contre l'aile droite de la Garde se dessinait nettement. La brigade de tête se déployait dans la direction de la hauteur 91 sud-ouest du Klei Berg, sous les feux de flanc de la division de cavalerie bleue, contre laquelle était détaché un seul bataillon. Mais bientôt la deuxième brigade, primitivement échelonnée à gauche derrière la hauteur 103, sud-ouest d'Adolphseck, attaquait dans la direction de Schönhausen et du Klei Berg. Devant cette supériorité numérique, la division dut se retirer vers la hauteur 118. La brigade de dragons, partant de Fuchs Berg, avait chargé sans succès la 5ᵉ brigade rouge pendant sa marche offensive vers Schönhausen; ses pertes furent évaluées à 50 % par les arbitres. Peu après 9 heures, le Klei Berg était aux mains de l'ennemi.

Entre temps, la 2ᵉ division de la Garde s'était portée à la contre-attaque. Vers 10 heures, son aile droite donnait l'assaut au Klei Berg. Son succès paraissant assuré, la division de cavalerie fut mise en marche vers le nord avec l'intention de gagner les environs de Fuchs Berg et de partir de là pour tomber sur le flanc de l'ennemi pendant sa retraite. La manœuvre prit fin pendant que s'exécutait ce mouvement.

L'escadron de découverte s'était porté sur la hauteur à l'ouest de Lauenhagen; il avait observé de là l'aile gauche de la position défensive de la 4ᵉ division rouge et l'attaque de l'aile droite de la 3ᵉ division. Il eût été ce jour-là beaucoup mieux à sa place dans la division, plus encore que le 12 septembre.

En résumé, la division s'était utilement employée. Elle avait averti la 2ᵉ division de la Garde de l'attaque de flanc qui la menaçait et avait de son mieux ralenti cette attaque. Le rôle joué par la brigade de dragons vient à l'appui de la critique que nous faisions plus haut de la marche de la division en deux colonnes. Cette brigade, qu'on n'avait pu faire rejoindre en temps voulu, eût été plus utile à Schönhausen, en combattant en liaison avec le reste de la division, qu'elle ne le fut par son attaque isolée à l'arme blanche. Le colonel von Unger fait remarquer qu'à la fin de l'action, lorsque l'enlèvement du Klei Berg par la Garde fut imminent, la division, dans la réalité, aurait dû se préoccuper surtout de détruire ou d'intercepter les ponts sur le

Landgraben et sur la Datze. Le projet d'attaquer l'ennemi de flanc pendant sa retraite, en partant de Fuchs Berg, était basé sur des considérations de manœuvre, car à ce moment l'ennemi battu devait encore être entièrement sous le feu de poursuite du vainqueur.

XII

OPÉRATIONS DE LA 18ᵉ BRIGADE DE CAVALERIE LE 13 SEPTEMBRE

A 5ʰ 30 du matin, l'avant-garde (15ᵉ hussards et mitrailleuses) était à Ballin, le gros à Rosenhagen; une nouvelle découverte fut poussée sur Canzow, Hinrichshagen et Göhren. A ce moment arriva l'ordre de l'armée et en même temps une communication du général commandant le IXᵉ corps faisant connaître que ce corps d'armée, rassemblé avec la tête de ses divisions à Alt-Käbelich et Pasenow, franchirait, à 6 heures, la ligne Katzenhagen—Neetzka. Le général de brigade projeta alors de se rapprocher de la division de droite en marchant sur Plath et fit d'abord serrer le gros sur l'avant-garde.

A 6ʰ 30, comme la brigade était réunie près de Ballin, la découverte signala la marche d'un régiment de cavalerie avec une section d'artillerie par Plath sur Leppin, puis celle d'une longue colonne de toutes armes sur la route de Hinrichshagen à Plath (c'était la 41ᵉ division bleue marchant sur Dewitz). Il fut rendu compte de ce mouvement au commandant de l'armée par télégraphie sans fil, au commandant du IXᵉ corps par des officiers en automobile et par deux estafettes. Vers 6ʰ 40, la batterie, placée sur la hauteur du moulin à vent, près de Ballin, ouvrit le feu sur la colonne ennemie; elle dut se retirer à 7 heures devant le feu de trois batteries ennemies établies au sud-ouest de Plath sur la hauteur du moulin à vent.

A 7ʰ 15, on savait que la colonne ennemie, forte d'une division, marchait de Leppin sur Dewitz et qu'une autre forte colonne (3ᵉ division de la Garde) se portait de Wolfshagen par Woldegk sur Alt-Käbelich.

L'artillerie ennemie de Plath ayant disparu, la batterie et les mitrailleuses ouvrirent de nouveau le feu contre la première colonne, et deux escadrons des grenadiers furent envoyés sur la hauteur du moulin au sud-ouest de Plath pour agir de là avec leurs carabines. Ces deux mesures ne parurent pas ralentir la marche de l'adversaire.

La brigade quitta alors Ballin. Se dirigeant d'abord vers le moulin de Teschendorf, puis tournant au nord et passant sur la grande route la coupure au nord-ouest de Rosenhagen, elle franchit, vers 8^h 15, le défilé à l'ouest du Weiden Holz et fut rassemblée pour attaquer par le feu la colonne ennemie, engagée à ce moment sur la route Leppin—Dewitz. Mais le terrain était défavorable, la colonne disparaissait presque aussitôt dans Dewitz et la brigade dut se porter derrière la hauteur à 800 mètres au sud de ce village. De là la batterie, les mitrailleuses, et des tirailleurs du 16e hussards, jetés sur la lisière nord de Dewitz, purent tirer pendant environ dix minutes sur la queue de la colonne ennemie qui marchait sur Pragsdorf. Ce n'était que l'avant-garde de la 41e division, dont le gros s'était dirigé de Leppin sur Cölpin; elle ne prit, du reste, aucune mesure de défense.

La brigade était maintenant sur les derrières de l'aile gauche ennemie. Le général, sans doute pour éviter un détour par la forêt de Rowa, renonça à reprendre la liaison avec l'aile droite de son armée, sur la situation de laquelle il n'avait d'ailleurs aucun renseignement précis. Il résolut d'entraver l'attaque de l'adversaire en agissant sur ses derrières, et, pensant que sa marche sur Pragsdorf serait trop aisément arrêtée à la lisière de la forêt, il se dirigea sur Cölpin.

Vers 8^h 50, on pouvait voir de l'infanterie ennemie s'avancer de la forêt de Holz Berge vers Cölpin. La brigade, gagnant les fonds à l'ouest du Weiden Holz, se dirigea vers la corne du bois à l'est de Marienhof. Au moment où elle allait atteindre la grande route, deux bataillons ennemis, chargés de couvrir le flanc et les derrières de la 41e division, furent aperçus en marche de la hauteur 102 vers Marienhof. Le 15e hussards, qui se trouvait en tête, occupa aussitôt, avec ses tirailleurs, le dos de terrain au nord et contre la grande route, l'artillerie et les mitrailleuses se mirent en batterie au sud de la route, et le feu fut ouvert sur l'infanterie ennemie. La ligne du 15e hussards fut bientôt prolongée à droite par les grenadiers, à gauche par le 16e hussards. L'ennemi déploya successivement ses deux bataillons, mais dut reculer devant la supériorité du feu. La poursuite allait commencer quand le ballon-signal fit cesser la manœuvre.

Le IXe corps avait été attaqué de front près de Neetzka par la 3e division de la Garde et complètement enveloppé sur son flanc droit par la 41e division, dont l'aile gauche s'était étendue jusqu'à la hauteur de Hochkamp. La 18e brigade eût pu s'opposer très efficacement à cet enveloppement si elle avait atteint, en temps utile, les environs de Pragsdorf; c'était le rôle que lui destinaient le commandant de l'armée et celui du IXe corps, et la mission qui lui incombait ne pouvait faire de doute dans l'esprit du général de brigade, dès qu'il connut la direction de marche de la 41e division bleue. Mais il s'attarda près de Ballin et laissa la division ennemie se glisser entre sa brigade et le IXe corps. Il ne put plus dès lors remporter que des succès tactiques partiels, sans influence sur l'ensemble de la bataille, et ses troupes firent défaut là où le commandement eût souhaité ardemment les avoir : aux côtés des autres armes, combattant en liaison étroite avec elles. La même faute avait été commise le 12 par la brigade et aussi, bien que dans une moindre mesure et dans des circonstances moins graves, par la division de cavalerie de la Garde le 11 septembre. On en trouverait aisément des exemples dans presque toutes nos propres grandes manœuvres. La leçon qui en découle pour les chefs de cavalerie est aisée à discerner; mais elle s'adresse aussi aux commandants des grandes unités, auxquels elle doit enseigner à ne pas laisser leur cavalerie sortir de leur main, au moment d'une bataille, et surtout à tenir soigneusement le chef de cette cavalerie au courant de la situation générale et de leurs propres desseins, de manière à ne pas le laisser dans le vide.

Dans la journée du 13, les deux escadrons de découverte de la 18e brigade avaient agi sur les derrières de l'ennemi et capturé un convoi près de Göhren. Devenus absolument inutiles en tant qu'organes d'exploration, ils auraient rendu comme unités de combat, si on les avait rappelés à leur corps le 12 au soir, infiniment plus de services qu'en battant l'estrade pour leur propre compte et faisant la chasse aux voitures ou aux isolés.

CONCLUSION

N'ayant pas assisté aux manœuvres impériales de 1911, nous ne saurions nous permettre de porter, sur la valeur générale de la cavalerie allemande, des jugements aussi catégoriques que ceux qui ont été formulés à son sujet par les colonels Repington et von Unger. Mais nous pouvons tirer de l'examen des faits certaines remarques qui, pour nous Français, ne sont pas dépourvues d'intérêt.

Si la découverte a été organisée en général, par le commandement, avec beaucoup de précision et de méthode, son exécution a laissé à désirer en maintes circonstances — notamment le 12 septembre, où la 18e brigade a été fort mal renseignée sur les mouvements de la 41e division bleue, et où la division de la Garde a perdu, dans la soirée, tout contact avec un adversaire qui s'était arrêté et avait fait tête après une retraite de quelques kilomètres seulement. Le service de la cavalerie divisionnaire, ceux de la découverte rapprochée, de l'exploration du champ de bataille, des patrouilles de combat, des liaisons, ne paraissent pas avoir été plus exempts de reproches. C'est, le 11, le IIe corps rouge qui passe le Landgraben et débouche de Friedland sans se douter qu'une division de cavalerie ennemie est à 4 kilomètres sur son flanc gauche; c'est, le 12, la 18e brigade de cavalerie qui ignore tout de l'attaque de la 41e division bleue contre la flanc-garde du IXe corps et va tomber, deux fois de suite, par surprise, sous le feu de détachements ennemis, etc. On a pu observer aussi la lenteur extrême de la transmission de certains rapports par estafettes.

Il semble donc que l'instruction de nos éclaireurs n'ait rien à envier à celle des éclaireurs allemands.

L'étendue démesurée des zones de cantonnements de la cavalerie, et, en particulier, de celles de la 18e brigade le 11 et le 12, a résulté évidemment de considérations relatives au bien-être des hommes et à la conservation des chevaux. C'étaient des cantonnements de manœuvres. A la guerre, une pareille dispersion exposerait à bien des surprises, rendrait le service de sûreté difficile et pénible, et le rassemblement en cas d'alerte plus qu'aléatoire.

Au point de vue de l'emploi tactique de l'arme, il est surtout très digne de remarque que la cavalerie allemande, sans pour cela renoncer à l'attaque à l'arme blanche dans les cas où elle peut donner des résultats, est franchement entrée dans la voie du *combat à pied par grandes unités*. Les combats livrés par la division de la Garde, le 12, près de Güterberg et de Fahrenholz, le 13 autour de Schönhausen, sont, à cet égard, des exemples très caractéristiques et ont manifestement résulté de la mise en pratique d'une doctrine parfaitement arrêtée. On a pu voir, en effet, cette division, le 13, au Klei Berg, employer au combat à pied jusqu'à 12 escadrons à la fois, sur les 15 dont elle disposait à ce moment.

Il a été fait également, en plusieurs circonstances, un heureux emploi des charges à l'arme blanche combinées avec le feu, notamment le 13, par la 18ᵉ brigade près de Cronsberg et par la division de la Garde dans l'attaque du Klei Berg.

L'emploi tactique de la cavalerie pendant ces manœuvres donne lieu à une autre observation importante. Nous avons relevé la dispersion des brigades de la division de la Garde dans les combats du 11 et du 12 et les inconvénients graves qui en ont résulté. Cette dispersion, qui ouvre un vaste champ d'action à l'initiative des généraux de brigade, procède dans la cavalerie allemande d'une tendance qui était déjà manifeste en 1870 et qu'on serait tenté d'attribuer à l'indépendance habituelle des brigades, si la division de la Garde n'était justement la seule dont les brigades sont endivisionnées dès le temps de paix. Il faut donc plutôt voir, dans ce mode d'emploi, l'application exagérée d'une méthode admise par le règlement et préconisée par plus d'un écrivain militaire allemand — et en profiter, le cas échéant.

Quant à la coopération de la cavalerie à la bataille, en liaison *immédiate* avec les autres armes, elle a été pratiquée rigoureusement le 12 et 13 par la division de la Garde, mais infiniment moins par la 18e brigade, dont la présence sur le point décisif a fait défaut ces deux jours-là.

Nous avons fait remarquer, à ce propos, combien il est indispensable que le haut commandement *précise* les missions successives qu'il veut faire remplir à la cavalerie d'armée au cours d'une bataille, *oriente* exactement son chef sur la situation générale et sur ses propres desseins, enfin sache au besoin *maintenir* cette cavalerie à portée d'intervention efficace, sans pour cela restreindre en rien l'initiative de celui qui la commande.

Les fautes commises pendant les manœuvres allemandes de 1911 au point de vue de la liaison tactique de la cavalerie avec les autres armes, qu'elles soient imputables au commandement ou directement aux chefs de l'arme, sont certainement celles que l'on peut aussi relever le plus fréquemment dans nos propres manœuvres, et nous indiquent la voie dans laquelle nous devons peut-être chercher le plus à progresser.

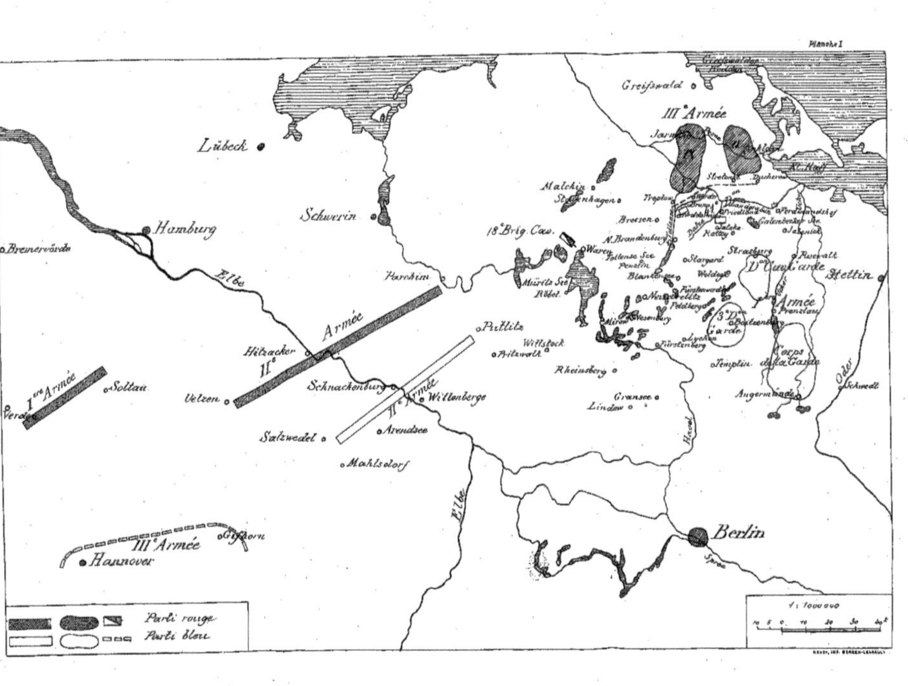

Planche I
1 : 1000000
Parti rouge
Parti bleu
Lübeck
Hamburg
Bremervörde
Elbe
Verden
1re Armée
Soltau
Hitzacker
Velzen
Schnackenburg
Salzwedel
Arendsee
Mahlsdorf
Gifhorn
III Armée
Hannover
Schwerin
Parchim
Armée
II
IIe Armée
Wittenberge
Greifswald
III Armée
Jarmen
Malchin
Stavenhagen
Treptow
Breesen
N. Brandenburg
18 Brig. Cav.
Waren
Tollense See
Penzlin
Müritz See
Röbel
Blankensee
N. Strelitz
Feldberg
Mirow
Wesenberg
Lychen
Fürstenberg
Stargard
Woldegk
3e Div.
Garde
Templin
N. Haff
Stralsund
Ducherow
Friedland
Brandenburg
Galenbeck
Friedland Str.
Anklam
Jatznick
Pasewalk
Strasburg
Ve Garde
Stettin
Ier Armée
Prenzlau
Boitzenburg
Corps de la Garde
Angermünde
Schwedt
Oder
Pritzwalk
Wittstock
Pritzwalk
Rheinsberg
Gransee
Lindow
Havel
Elbe
Berlin
Spree

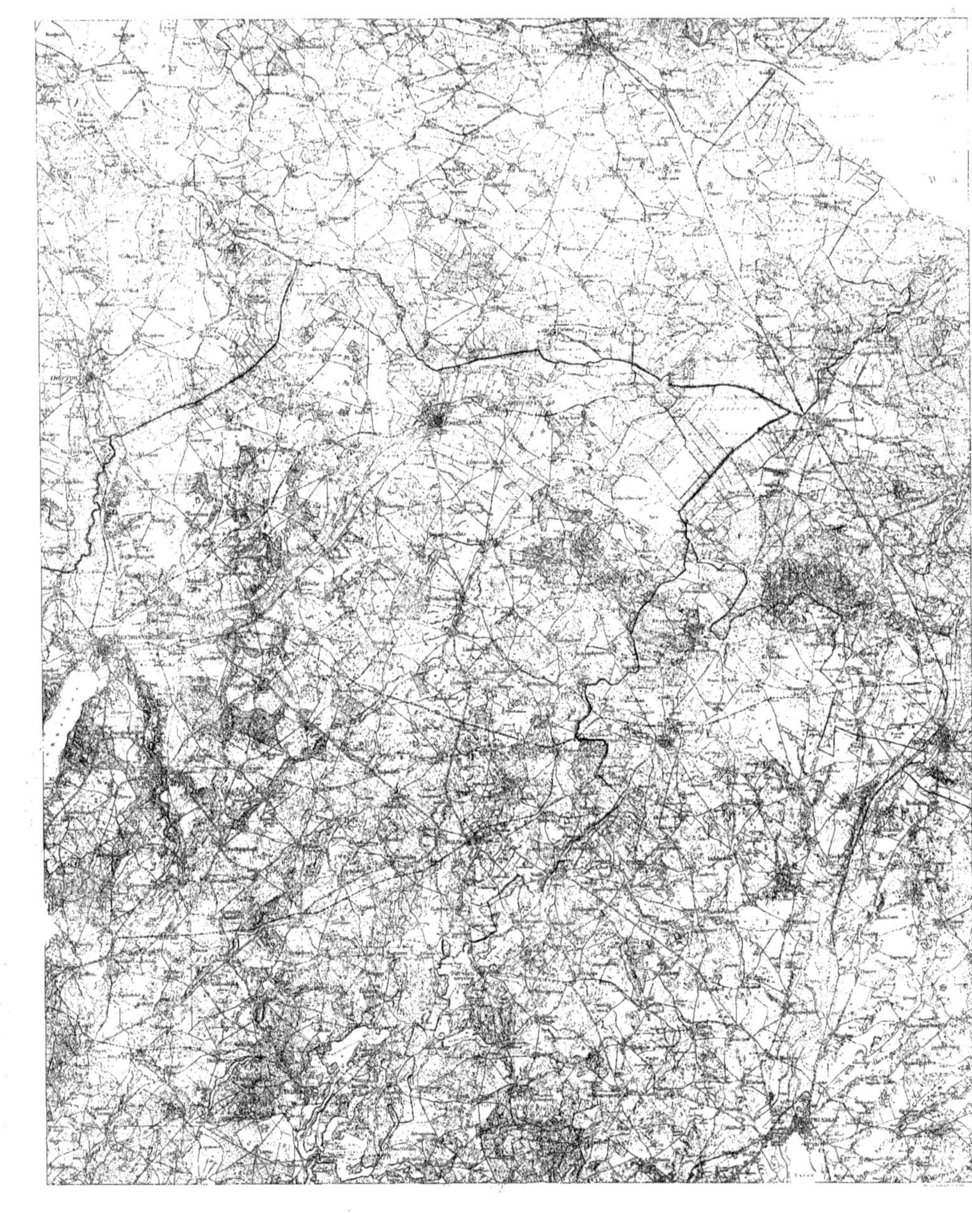

TABLE DES MATIÈRES

NANCY, IMPRIMERIE BERGER-LEVRAULT

Les Manœuvres impériales allemandes en 1913. Suite illustrée, etc. animées par le colonel Kerberton, traduites de l'anglais par Edmond Kiwi. 1913. In-8, avec 2 cartes, broché.

Les Manœuvres impériales allemandes en 1912. Articles publiés dans le *Journal des Débats*, par R. DE THOMASSON, correspondant militaire, directeur des *Questions diplomatiques et coloniales*. Préface du général DE TORCY. 1912. Un volume in-8, avec 2 croquis, broché . . . . **1 fr.**

Idées allemandes sur la Cavalerie, par P. S. 1911. Gr. in-8 de 71 pag., br. **2 fr.**

Opinions allemandes sur la Guerre moderne, d'après les principaux écrivains militaires allemands :

— *1er fascicule* : **Les Bases de l'Art de la Guerre. Armement et Technique modernes.** 1912. Un volume grand in-8, broché . . . . **1 fr.**

— *2e fascicule* : **Méthodes de commandement. Mécanisme des marches. L'Offensive et la Défensive.** 1912. Un volume grand in-8, broché . . . **1 fr.**

— *3e fascicule* : **Principes fondamentaux de la Stratégie et de la Tactique. Conduite des Opérations. Opérations sur mer.** 1912. Un volume grand in-8, broché . . . . **1 fr.**

Notre Cavalerie dans la prochaine guerre. *Considérations sur son emploi, son organisation et son instruction,* par le général VON BERNHARDI. Traduit de l'allemand par P. S. 1910. Volume grand in-8 de 267 pages, broché . . . . **5 fr.**

L'Organisation et l'Instruction de la Cavalerie en vue de la guerre moderne, d'après une conférence allemande (du général VON BERNHARDI), par P. S. 1908. Grand in-8 de 60 pages, broché . . . . **2 fr.**

La Prochaine Guerre, par Charles MALO. Avec une Préface par Henri WELSCHINGER, de l'Institut. 1912. Un volume grand in-8 . . . . **2 fr.**

Les Armements allemands. La Riposte, par le capitaine Pierre FÉLIX. 1912. Un volume in-8 de 137 pages, broché . . . . **1 fr.**

La France victorieuse dans la Guerre de demain. *Étude stratégique,* par le colonel Arthur BOUCHER. Édition revue et corrigée, 21e mille. 1912. Un volume in-8, avec 9 tableaux et 3 cartes, broché . . . . **1 fr. 25**

L'Offensive contre l'Allemagne. *Étude stratégique,* par le même. Édition revue et corrigée. 13e mille. 1912. Un volume in-8, avec 3 cartes, broché . . . . . . **1 fr.**

La Belgique à jamais indépendante. *Étude stratégique,* par le même. 1913. Un volume in-8 avec 2 croquis, broché . . . . **1 fr.**

Nos Frontières de l'Est et du Nord. *Le service de deux ans et sa répercussion sur leur défense,* par le général C. MAITROT. 1912. Un volume grand in-8, avec 8 cartes et 8 croquis, broché . . . . **3 fr. 50**

Une Réponse française au Programme militaire allemand, par le capitaine LE FRANÇAIS. 1912. Un volume in-8 de 169 pages, broché . . . . **2 fr. 50**

L'Infanterie française en face de l'Armée allemande, par É. ALLÉHAUT, capitaine d'infanterie breveté. 1909. Volume in-8, broché . . . . **1 fr. 50**

Artilleries allemande et française. *Comparaison,* par le lieutenant-colonel BAYLE, du 8e régiment d'artillerie. 1911. Un volume in-8, broché . . . . **2 fr.**

La Doctrine de Défense nationale (*Stratégie moderne. La prochaine guerre franco-allemande. La question des alliances et des ententes,* etc.), par le capitaine SORB. 1912. Un volume grand in-8 de 420 pages, avec une planche, broché . **7 fr. 50**

Préparation à la guerre, par le commandant DEBECGNY. 1912. Grand in-8, 63 pages, broché . . . . **1 fr. 50**

La Durée de la prochaine Guerre. *Essais stratégiques,* par le commandant MORDACQ, de l'École supérieure de guerre, suivi d'une note du général LANGLOIS. 1912. Brochure grand in-8 . . . . **1 fr.**

État militaire de toutes les Nations du monde en 1912, par Charles MALO. Un volume in-8 étroit de 150 pages, broché . . . . **1 fr. 25**

www.ingramcontent.com/pod-product-compliance
Ingram Content Group UK Ltd.
Pitfield, Milton Keynes, MK11 3LW, UK
UKHW020033100726
13658UKWH00003B/1291